Eine Bildreise

Matthias M. Machan / Ellert & Richter Verlag

Die Pfalz

Matthias M. Machan, geb. 1965 in Wuppertal, Studium der Germanistik, Politik und Philosophie in Wuppertal und Köln. Seit 1987 Arbeit als freier Journalist, Autor und PR-Texter für Zeitschriften, Kulturmagazine, Agenturen und Verlage. Vom Lokaljournalismus führte ihn der Weg über die Politik und die Pressestelle des Vorabendprogramms der ARD zum Wein- und Reisejournalismus. Im Fachmagazin „Alles über Wein. Zeitschrift für Weinkultur – Reisen – Gastronomie" berichtet er über deutsche Weine. Seit 1996 arbeitet er als Chefredakteur bei „Gastrotel", Fachmagazin für Unternehmer und Manager in Hotelerie und Gastronomie in Köln. Im Ellert & Richter Verlag erschienen seine Bildreisen „Schönes Köln" (dreispr.) und „Die Eifel".

Titelabbildung: das Rathaus in Deidesheim

Bildnachweis:
Robert Dieth, Stadecken: S. 7 l. u. r., 14/15, 20, 22/23, 42/43, 50/51, 54/55, 68/69, 74/75, 86
Focus Bildagentur, Hamburg/Foto: Bernd-Christian Möller: S. 77 l., 89
Hartmut Frien, Freinsheim: S. 82/83, 87, 90/91
HB-Verlag, Hamburg: S. 31 l. u. r., 34/35, 53 r., 62/63, 70 r.
Rainer Kiedrowski, Ratingen: S. 38 (L. Bergmann), 88
Norbert Kustos, Karlsruhe: Titel, S. 10/11, 18/19, 24/25, 28/29, 39 r., 40/41, 44/45, 46/47, 48/49, 53 l., 58 l. u. r., 60/61, 64/65, 70 l., 72/73, 78/79, 80/81, 84/85
Edgar Reichel, Hettenleidelheim: S. 39 l.
Karlheinz Schmeckenbecher, Landau: S. 12/13, 16/17, 32/33, 92/93
Schul- Kultur- und Werbeamt, Speyer/Foto: Karl Hoffmann: S. 52
Stadtarchiv, Neustadt a. d. Weinstraße: S. 71
Studio-h Hans Günther Hausen, Kaiserslautern: S. 59
Süddeutscher Verlag Bilderdienst, München: S. 6, 21 l. u. r., 30, 76
Transglobe Agency, Hamburg/Foto: Udo Bernhart: S. 36/37, 56/57
Verkehrsamt, Bad Dürkheim: S. 77 r.
ZEFA, Hamburg/Foto: Rossenbach: S. 8/9, 26/27, 66/67

Die Deutsche Bibliothek – CIP-Einheitsaufnahme

Machan, Matthias M.:
Die Pfalz / Matthias M. Machan. – Hamburg : Ellert und Richter, 1995
(Eine Bildreise)
ISBN 3-89234-589-9
NE: HST

3. Auflage 1998

Text und Bildlegenden: Matthias M. Machan, Hilden
Gestaltung: nach Entwürfen von Hartmut Brückner, Bremen
Lektorat: Iris Klein, Hamburg
Lithographie: Albert Bauer KG, Hamburg
Satz: KCS GmbH, Buchholz/Hamburg
Karte: Pietruska Verlagsgesellschaft mbH, Rülzheim
Druck: Rhode Druck GmbH, Marienfeld
Bindung: S. R. Büge, Celle

Inhalt

Die Pfalz: ... so herrlich im Paradies zu wohnen 6
Pfälzer Geschichte: kriegerisches Durchzugsland, Wiege der Demokratie 20
Rund um Kaiserslautern: von „roten Teufeln“ und Barbarossa 30
Wege in den Pfälzerwald: vom Donnersberg ins Dahner Felsenland 38
Mit dem Lauf des Rheins: von Speyer nach Ludwigshafen 52
Sonntäglich herausgeputzt: Dörfer an der Südlichen Weinstraße 58
Geschichtsträchtiges Pflaster zwischen „Eselshaut“ und „Meerspinne“: Neustadt 70
Riesling-Reichtum: die Königsetappe der Deutschen Weinstraße 76
Wein, Grumbeere, Saumagen und Co.: Köstlichkeiten aus Küche und Keller 86
Kleines Lexikon der Pfalz: von Annweiler bis Zweibrücken 94
Karte 96

Das dritte Wochenende im März. In der Eifel fallen wieder Graupelschauer, im Hunsrück liegt sogar frischer Schnee auf der Autobahn. Was treibt einen bei diesem Wetter in die Pfalz? Die Antwort folgt kaum eine Stunde später kurz hinter Worms: Der Himmel reißt auf, die Sonne blinzelt hervor. Abseits der Autobahn erstrecken sich weite, fruchtbare Ackerfluren in die Rheinebene mit sanften Mulden und Straßendörfern.

Am Horizont gen Westen wird eine sanft geschwungene Linie deutlich, der Haardtrand, letzter Ausläufer des Pfälzerwaldes. Der Straßenverlauf wird zunehmend durch ein zartes, gleichsam betörendes Rosa flankiert: Mandelblüte in der Pfalz. Wir kurbeln das Autofenster hinunter und lassen diesen ersten Duftboten des Frühlings herein.

Woher man von der Rheinebene aus auch kommt, man stößt fast immer im rechten Winkel auf die rund 80 Kilometer lange Deutsche Weinstraße, die „Mutter" aller Wein-Touristik-Routen. Zwischen Bockenheim im Norden und Schweigen im Süden an der Grenze zum Elsaß liegt rein statistisch alle 2,3 Kilometer ein malerisches Weindorf. 44 Weinbauorte sind es insgesamt, die an dieser Route bacchantischer Lebensfreude aufgereiht sind, zumeist dicht gedrängt wie Inseln im Rebenmeer und im baulichen Kern um die Dorfkirche gruppiert. Hinzu kommen 154 Dörfer, die mehr oder weniger direkt an die Weinstraße angebunden sind. Es ist eine großartige Landschaft, eine berühmte Kulturlandschaft zudem, die zwar durch alle Jahrhunderte kriegerisches Durchzugsland war, sich dennoch eindrucksvolle Spuren von Saliern, Staufern, Leiningern und den anderen Kurfürsten der Pfalz bewahrt hat. Zudem ist sie eine schier endlos scheinende, grüne, im Frühjahr und Winter sandfarbene, merkwürdig einheitlich ornamentierte, im Herbst in Goldfarben prunkende oder im rostigen Bronzeton schimmernde, sanft geneigte Tafel.

Daß der Frühling in der Pfalz früher als irgendwo sonst in Deutschland beginnt, ist keine Kopfgeburt der örtlichen Tourismus-Manager. Gegen Westen durch den wie eine Schutzmauer wirkenden Pfälzerwald geschützt, gehört die Vorderpfalz zu den klimatisch begünstigten Regionen in Mitteleuropa. Indikatoren dafür gibt es am Wegesrand zuhauf: Kaum ein Winzerhof, der auf Oleandersträucher verzichten mag. Ähnlich wie die Weinrebe gehört an vielen Häusern die Mittelmeerfeige nicht nur zum Hausschmuck, sondern wird – wie die Mandel auch – reif und landet häufig in der Pfälzer Regionalküche. Weitere „Belege": Maulbeerbäume und Hibiskusbüsche, Pfirsiche und Melonen, Tabak, Kiwis und Spargel.

Mitte März tauchen die Mandelbäume die Vorderpfalz in ein üppiges Rosa und Weiß. Dann folgen Zierkirschen und -äpfel. Anschließend löst eine Obstbaumblüte die andere ab. Ein Garten Eden, den kaum einer besser beschreibt als August Becker (1828–1891), dessen heimatkundliches Werk „Die Pfalz und die Pfälzer" aus dem Jahr 1857 immer noch unübertroffen ist. „Wenn der Winzer in der Frühe erwacht, an das rebenumlaubte Fenster tritt und über den blauen Höhen des Odenwaldes die Sonne aufgeht in ihrer Pracht ... und die nächstliegenden Rebhügel in goldenem Schimmer glühen ... oder die letzten Sonnenstrahlen über das weite Land zucken, am Speyerer Dom noch haften ... wenn der Abendnebel die zahllosen Dörfer einhüllt und nur noch die Turmspitzen hervorragen und im Mondlicht schimmern: dann brauchen die Weinbauern und Wingertsleute nicht mit Königen zu tauschen ... so herrlich im Paradies zu wohnen." Dieses Paradies hat jedoch seine irdischen Grenzen. Steigt man heute auf die Haardthöhen, zeichnen sich die weithin sichtbaren (und nicht zur Pfalz gehörenden) Atommeiler von Biblis und Philipsburg sowie die Industrie-Skyline von Ludwigshafen ab.

Die schönsten Bilder der Pfalz indes sind im Kopf gespeichert: etwa der Herbst, die Zeit der Weinlese und Obsternte, die Zeit der Eßkastanien, des neuen Weins. Unvergessen bleibt ein Oktobermorgen im mittelalterlichen Freinsheim mit dem Duft von vergorenem Wein und Obst: Hier hatte die Luft einen Schwips. Oder Neuleiningen, das einem Adlerhorst gleich auf einem steil abfallenden Bergvorsprung des Haardtrandes über der Weinebene thront:

Weinernte in der Pfalz – wie sie einmal war: Ein Ochsengespann, beladen mit kelterbereiten Trauben, kehrt von der Arbeit im Weinberg zurück. Das Fuhrwerk ist mit Ladfässern (Lotten) ausgerüstet. In diese 500-Liter-Fässer mit Trichteröffnung und Faßtürchen wurde die Maische zum Transport gefüllt.

Beim ersten Besuch ist es Sommer, früher Nachmittag, heiß. Die Katze döst im Hauseingang, ein Auto quält sich das steile Kopfsteinpflaster hinauf. Von der Kirche gegenüber der imposanten Burgruine schlägt es zwei Uhr. Ansonsten herrscht Stille. Die Hitze lähmt das Dorf. Wie in der Provence? Schon, aber solche Vergleiche hat die Pfalz gar nicht nötig.

Der Weinbau prägt die Weinstraßenlandschaft. Vom Wein direkt lebt jedoch nur noch ein geringer Teil der dort wohnenden Bevölkerung, die zwischen Ludwigshafen und Heidelberg oder aber in Kaiserslautern ihr Einkommen findet. Mit dem Wein indes leben alle. Der von der Gebietsweinwerbung alljährlich herausgebrachte Kalender mit über 200 Pfälzer Weinfesten ist der Bestseller schlechthin. Feiern, das können sie, die Pfälzer, und sie tun es ausgiebig – nicht nur an der Weinstraße, ebenso bei zahlreichen Dorf- und Bauernfesten in der Rheinebene oder im Pfälzerwald und zu Ehren der „Keschte" (Kastanien), der Radieschen und Rettiche.

An Wochenenden und zur Weinlese werden die beschaulichen Dörfer von Menschen geradezu überflutet. Wer aber an einem Junimorgen über die Theresienstraße in Rhodt geht, teilt das Kopfsteinpflaster nur mit den Einheimischen und einigen Traktoren auf dem Weg in die Weinberge. Beschauliche Ruhe in Dörfern, die das ganze Jahr auf Sonntag herausgeputzt scheinen, läßt sich hier noch erleben. Doch wer die Pfalz auf diesen „Saumpfad der Seligkeit" reduziert, springt zu kurz. Vielfalt ist die Stärke der Region zwischen Saarland und Rhein, Elsaß und Hunsrück: Land der Kontraste, Land der Gegensätze.

Lebendig zeigt sich die vielgesichtige Städtelandschaft: die einstige Barbarossapfalz Kaiserslautern etwa, die mehr ist als Fußballhochburg und Universitätsstadt, oder Ludwigshafen, diese moderne und junge Industriestadt. Ganz anders stellt sich Speyer dar, der über 2000 Jahre alte Edelstein am Rhein. Am imposantesten scheint der Blick, wenn man aus der Kurpfalz über die Rheinbrücke in die Stadt gleichsam einschwebt. Hier ist der mächtige Kaiserdom schon zum Greifen nah. Geschichte auf Schritt und Tritt, beinahe ein einziges Freilichtmuseum, allerdings mit pulsierender Geschäftigkeit.

Schließlich folgt der Pfälzerwald: Hier ist man für sich, genießt die Einsamkeit in dem mit 150 000 Hektar Baumbestand größten zusammenhängenden Waldgebiet in Deutschland. Zu den Besonderheiten des Pfälzerwaldes, dem Forstleute erst 1843 seinen Namen gaben, gehört auch, daß ihn alle Einheimischen und fast alle Publikationen – dem Duden trotzend – in einem Wort schreiben. Es gibt tief im Wald viel zu sehen: Die Klosterkirche der Prämonstratenser in Enkenbach und die Zisterzienserabtei in Otterberg, das wildromantische Karlstal bei Trippstadt und die Wegegabelung Johanniskreuz, 473 Meter hoch und laut Inschrift einer Steinpyramide „Mittelpunkt der Welt". Wie schnell sich in der Pfalz die Landschaft ändert, wird bei einer Fahrt über die Autobahn Mannheim-Saarbrücken deutlich: Liegt die Abfahrt Grünstadt noch mitten im Rebenmeer, so gibt der Grünstadter Berg schon den Blick frei in das Eisenberger Becken und auf den mächtigen Donnersberg. Nur wenige Minuten später taucht der Reisende in den Pfälzerwald ein.

„König der Nordpfalz" wird der Donnersberg genannt, und ein bißchen erinnert er an den Mont Ventoux in der Provence: Die gleiche Hitze herrscht zu seinen Füßen, die Weinberge sind nicht weit entfernt, karge Böden mit steigender Höhe und drumherum, im Bannkreis des „Mont Tonnerre", ducken sich Dörfer und Städte von großem Reiz. Die kleine Residenzstadt Kirchheimbolanden gehört dazu.

Das alles macht die Pfalz aus. Eine abwechslungsreiche, eine zu jeder Jahreszeit liebenswerte Landschaft. 100 Millionen Rebstöcke, 12 000 Kilometer markierte Wander- und Radwege, 1800 Sonnenstunden im Jahr, 120 Burgen und eine Weinkönigin. Zum Wohl. Die Pfalz!

Auf dem Weg von der Traube zum Wein ist der Keller nur Übergangsbereich. Es kommt vor allem auf die Handschrift des Kellermeisters an. Daran hat sich in den letzten Jahrzehnten nichts geändert. Erster Schritt der Vinifikation ist das Zerkleinern der Trauben, damit Fruchtfleisch und Saft austreten können und somit das Pressen erleichtert wird.

Eine jahrhundertelange Entwicklung hat zu den heutigen hochmodernen Keltern geführt. Im Altertum zertrat der Mensch die Trauben in Becken. Die Griechen erfanden die Schraubenkelter, die bis weit ins 19. Jahrhundert auch in der Pfalz verbreitet war. Pneumatisch arbeitende Keltern wurden um 1950 erfunden. Eine eindrucksvolle Kelter-Sammlung zeigt das Historische Museum der Pfalz in Speyer.

Die Götter haben es gut gemeint mit der Pfalz: Wein, Wald und Sonne – von allem gibt es reichlich. Wie Perlen an einer Schnur sind die idyllischen Winzerdörfer am Haardtrand aufgereiht. Birkweiler ist ein typisches Beispiel: liebevoll restaurierte Stein- und Fachwerkhäuser aus dem 16. bis 18. Jahrhundert, reichlich verziert mit Rebstöcken, Torbögen und alten Steinmetzzeichen. Hier, zu Füßen des Hohenbergs, und im benachbarten Siebeldingen erhielt der Südpfälzer Qualitätsweinbau von Namen wie Wehrheim oder Rebholz entscheidende Impulse.

Jahrhundertelang war die Pfalz kriegerisches Durchzugsland. An die 500 mittelalterliche Wohn- und Wehrbauten geben zwischen Leininger Land, Pfälzerwald und dem Wasgau davon Zeugnis. Dort, „wo der Herzschlag der deutschen Geschichte einsetzte“, sind die Burgruinen beliebte wie idyllische Ausflugsziele. Nahe dem schon im 10. Jahrhundert erwähnten Dahn erheben sich auf einem hohen, mehrfach untergliederten Felsrücken drei dicht aneinanderliegende Burgruinen: Altdahn, Grafendahn und Tanstein. Sie gehören zu den eindrucksvollsten Befestigungsanlagen der Pfalz. In den Sandstein sind Treppen, Durchgänge, Verliese und Kammern gehauen.

Kurz bevor die Sonne im Sommer hinter dem Haardtrand verschwindet, werden die Dörfer und Reben – wie hier bei Landau-Mörzheim – in ein mildes, goldgelbes Licht getaucht: eine Landschaft mit weichen Konturen. Über 100 Millionen Rebstöcke bedecken die sanften Hügel unterhalb der Berge und Burgen, oftmals ragen nur die Kirchturmspitzen aus dem Rebenmeer hervor: ein bacchantischer Traum, häufig mit der Toskana verglichen und doch auf seine Weise unvergleichbar.

Der Winterschlaf für die Vegetation ist kurz, früh hält der Frühling Einzug. Während die Weinberge noch von kühler Geometrie geprägt sind, stehen die Mandelbäume entlang der Weinstraße schon im März in voller Blüte: ein zarter Rosa-Rausch als Sinnbild des Frühlings. Pfalz, du hast es besser! Im Laufe des Jahres summieren sich die Sonnenstunden auf 1800, Regen ist hier die Ausnahme – er fällt allenfalls im Pfälzerwald. Das Klima ist nicht nur für die Reben günstig: auch Feigen und Kiwis, Melonen und sogar Zitronen gedeihen prächtig.

In St. Martin fallen am 11. November Martinstag und Erntedankfest zusammen: Beim Martinusweinfest, dem letzten Weinfest des Jahres, wird der Schutzpatron der Winzer verehrt und in feierlicher Prozession durch den Ort getragen. Fast lebensgroß schaut der Namenspatron vom Gesims der Mauer am Kirchaufgang auf sein herausgeputztes Dorf herab. Er wird Gefallen daran finden: Heiligennischen, verträumte Winkel, altes Fachwerk, prächtige Sandsteinfassaden, Oleander hier, Feigen dort.

Burgen-Dreifaltigkeit hoch über Annweiler: Während Anebos und Scharfenberg nur noch als Ruinen erhalten sind, beherrscht der auf der mit 493 Metern höchsten Erhebung liegende Trifels das Landschaftsbild. Für Salier wie Staufer war die Feste ein Symbol der königlichen Macht, Aufbewahrungsort der Reichskleinodien wie Staatsgefängnis: „Wer den Trifels hat, hat das Reich." Mit schwindender Königsmacht sank auch die Bedeutung dieser Burg. Sie wurde gar als Steinbruch genutzt und erst in den dreißiger Jahren dieses Jahrhunderts wieder aufgebaut.

Die Pfälzer Landesgeschichte paßt eigentlich nicht so recht in diese heitere Landschaft. Denn trotz Salier-Glanz und Hambacher Demokratie-Impuls war die Pfalz jahrhundertelang kriegerisches Durchzugsland, Schauplatz großer und militärstrategisch nicht immer nachvollziehbarer Zerstörungswut. Das südpfälzische Edesheim beispielsweise legten französische Truppen im Zuge der Revolutionskriege 1794 in Schutt und Asche. Zu holen gab es nichts, zerstört wurde alles. Das 17. Jahrhundert, auf das man in der Pfalz gerne verzichtet hätte, der Dreißigjährige Krieg und immer wieder die Auseinandersetzungen mit dem benachbarten Frankreich taten ein übriges. So drückt sich – heute sichtbar – die pfälzische Geschichte einerseits in einem reichen Bestand an alten Burgruinen, andererseits aber auch in der Armut an alter historischer Bausubstanz (von Freinsheim und wenigen anderen Ausnahmen abgesehen) aus. Ein Großteil der Gebäudesubstanz, der stattlichen Weingüter zwischen Maikammer und Bad Dürkheim etwa oder der Villen in Landau, resultiert somit auch aus der weinbedingten Wohlhabenheit der Gründerjahre des vergangenen Jahrhunderts.

Wie alles begann: Eine Geschichte, wie die Pfalz zu ihrem Namen kam, wird immer wieder gerne kolportiert. Der Teufel wollte den Herrgott in Versuchung führen, lotste ihn auf den 687 Meter hohen Donnersberg (wahlweise auch auf die Kestenburg über Neustadt oder auf den Teufelstisch). Mit dem Hinweis auf die reiche, blühende Landschaft zu seinen Füßen flüsterte er ihm ins Ohr: „Dies alles sei dein, wenn du vor mir niederkniest." Der Herrgott, so heißt es, habe auf das wunderschöne Land geschaut, einen tiefen Seufzer getan und geantwortet: „Bhalts!"

Daraus wurde der Name Pfalz. Glaubwürdiger und nachvollziehbarer indes ist diese Version: Augustus, Kaiser in Rom, besaß ein Haus auf dem römischen Palatin. Der Begriff Palatium wird seitdem allgemein als Name für fürstliche Wohnungen verwendet. Kaiser und Könige bauten sich im Mittelalter Pfalzen und übertrugen Pfalzgrafen wichtige Verwaltungs- und Justizaufgaben. Mit Konrad von Staufen (um 1140–1195), ein Halbbruder Barbarossas, wurde 1156 aus einem Pfalzgrafen ein „Pfalzgraf bei Rhein". Eine Premiere: Aus dem Namen für ein hohes Amt im Staate wurde der Herrschertitel eines Territorialfürsten. Die Pfalz trägt also nicht wie Bayern oder Sachsen den Namen seiner Bewohner, auch nicht den Namen einer herrschaftlichen Burg wie Württemberg. Sie bekam schlicht den Namen eines Amtes: des Pfalzgrafen.

Ob Palatium, Pfalzgrafschaft bei Rhein, Kurpfalz, Departement Mont Tonnerre, Rheinpfalz oder wie heute einfach Pfalz: Viele haben dieser Region ihren Stempel aufgedrückt, nicht nur namentlich. Die ersten, die kamen, waren Kelten. Rund um den Donnersberg legten sie ein eindrucksvolles Ringwallsystem an. Dann – vermutlich 10 v. Chr. – folgten die Römer. Sie brachten das Wissen um die Weinkultur mit ins Land. Zeugnisse dieser Epoche gibt es viele, Winzermesser wurden gefunden, Tonscherben und Rebsamen. Drei Funde sind besonders eindrucksvoll: Bei Flurbereinigungsarbeiten in der Lage „Weilberg" legte man, keine 100 Meter abseits von der Deutschen Weinstraße, die hier Kallstadt und den Bad Dürkheimer Ortsteil Ungstein miteinander verbindet, ein 15 mal 30 Meter großes Kelterhaus frei. Herzstück dieser eindrucksvollen Anlage sind zwei Tretbecken zum Zerkleinern der Trauben sowie ein Mostsammelbecken. Dies ist alles noch oder wieder so gut in Schuß, daß die Ungsteiner Winzer einmal im Jahr ihren Wein nach Römerart keltern: Die Becken werden mit den Trauben gefüllt und sodann mit den bloßen Füßen zertreten. Die leichte Neigung der beiden Becken ermöglicht den raschen Ablauf des Mostes in das Sammelbecken und von dort zur Gärung in Holzfässer. Keine 15 Fußminuten von hier entfernt, im Weiler „Pfeffingen", schmücken Steinsärge aus der Römerzeit den Innenhof des Weingutes Pfeffingen/Fuhrmann-Eymael. Wein wurde auch gefunden, sogar in flüssiger Form. Wie ein Augapfel hütet das Historische Museum der Pfalz in Speyer seinen „Römerwein" aus dem Jahr 300 n. Chr. Appetitlich sieht dieser älteste Wein der Welt indes nicht mehr aus: In der zylinderförmigen, grün-gelblichen Flasche läßt sich ein klarer Bodensatz und darüber – zu etwa zwei Dritteln – ein festes, harziges Gemisch erkennen.

Im 8. Jahrhundert gab es in der Pfalz über 50 Dörfer, deren Einwohner hauptsächlich vom Wein lebten. Klöster (Weißenburg, Lorch) sorgten für die maßgeblichen Impulse. Mitte des 9. Jahrhunderts, nach der Teilung des Reiches von Karl dem Großen, wurde die Pfalz dem Deutschen Reich angegliedert und schließlich, in der glanzvollen Epoche der Salier und Staufer, zur Pulsader des Reiches. In Oppenheim am Rhein versammelten sich 1024 die „Großen" aller Herzogtümer und Stämme zur Königskür. Konrad II. (um 990–1039), der Salier, „machte das Rennen", wurde drei Jahre später sogar zum Kaiser erhoben und hinterließ bis heute eindrucksvolle Spuren: Die Legende will wissen, daß er im Jahr 1030 morgens in der Früh hoch über Bad Dürkheim den Grundstein für das Kloster Limburg, das gut 30 Jahre lang Aufbewahrungsort der Reichsinsignien gewesen ist, gelegt hat

Die bedeutendste Kirchenruine der Pfalz befindet sich oberhalb des Bad Dürkheimer Ortsteils Grethen: Kloster Limburg. Salier-Kaiser Konrad II. schenkte, nachdem er 1024 zum König gewählt wurde, den Benediktinern aus Dankbarkeit den Stammsitz seines Geschlechts. Die Legende berichtet, daß er an einem Morgen des Jahres 1030 den Grundstein für die Klosterkirche bei der Limburg und mittags jenen für den Speyerer Dom legte.

und gegen Mittag jenen für den Kaiser-Dom in Speyer. Er ist ein Zeugnis monumentaler Kirchenbaukunst, nicht aus religiösem Eifer entstanden, vielmehr als politische Machtdemonstration. Acht Könige und Kaiser fanden hier ihre letzte Ruhe. Unter ihnen Konrad II., Canossa-Gänger Heinrich IV. (1050–1106) und Rudolf von Habsburg (1218–1291). Auch während der Herrschaft der Staufer, die den Trifels bei Annweiler zu ihrer Reichsfeste machten und dort um 1194 den englischen König Richard Löwenherz (1157–1199) gefangenhielten, blieb die Pfalz im Zentrum der Reichslande. Zahlreiche Burgen entstanden entlang des Haardtrandes. Die als Burgherren eingesetzten Adelsgeschlechter nutzten die Schwächen des Königtums, um ihre Territorialherrschaft auszubauen. Im Norden waren es die Grafen von Leiningen, die mit den Festungen Alt- und Neuleiningen über dem Eckbachtal sichtbare Zeichen setzten, im Süden konkurrierten die Kurpfalz und das Hochstift Speyer. Auf das, was dann kam, hätten die Pfälzer gerne verzichtet: Eine Reihe nicht enden wollender Kriege, Epidemien und Hungersnöte nahm mit dem Bauernaufstand 1525 ihren Anfang. Und immer wieder war die Pfalz Truppenaufmarschgebiet. Ob von Freund oder Feind wie im Spanischen Erbfolgekrieg, war eigentlich sekundär: Schaden entstand allemal. Erst die Besitzergreifung der Pfalz durch das revolutionäre Frankreich Ende des 18. Jahrhunderts brachte diesem schwer heimgesuchten Landstrich Ruhe und Frieden. Unter Napoleons Einfluß wurde nicht nur die Leibeigenschaft, sondern auch die feudale Last des Zehnten beseitigt. Kurze Zeit später, zu Beginn des 19. Jahrhunderts, litt die Pfalz erneut als Spielball politischer Willkür. Der Wiener Kongreß (1814/15) schlug sie dem Königreich Bayern zu. Die Verfassungsrechte der Bürger wurden wieder eingeschränkt, der autoritäre Stil und die von München erlassene, erdrückende Steuerlast verbitterten die Bürger. Widerstand formierte sich, bäuerlicher Unmut verbrüderte sich mit bürgerlicher Intelligenz. Am 27. Mai 1832 zogen rund 30 000 Männer und Frauen aus allen Teilen Deutschlands, aber auch aus Frankreich und Polen in einem Protestzug hinauf zum Hambacher Schloß oberhalb von Neustadt, wo königlich-bayerische Beamte eine Loyalitätsveranstaltung vorbereiteten. Daraus wurde nichts. 600 Winzer schlossen sich der Demonstration an „zu reißen die Regierung aus dem Wahne, wir seien reiche Leut". Rückblendend betrachtet, kündete diese erste freie Versammlung eine Zeitenwende an. Die Demonstranten traten ein für bürgerliche Freiheit, für nationale Einheit und für Demokratie in Deutschland. König Ludwig I. (1786–1868) machte den „Bayerischen Rheinkreis" 1838 zur Pfalz. Das ist sie dem Namen nach bis heute geblieben.

Ob Konrad II., Pfalzgraf Johann Casimir (1543–1592) oder Hambach-Ideengeber Philipp Jacob Siebenpfeifer, die beliebteste Figur Pfälzer Geschichte war und ist eine Frau: Lieselotte von der Pfalz (gest. 1722). Als Tochter des Kurfürsten Karl Ludwig von der Pfalz 1652 geboren, heiratete sie ins französische Königshaus Ludwigs XIV. (1638–1715) ein und lebte 50 Jahre als Herzogin von Orléans. Ungestüm war ihr Temperament. Sie pfiff auf die Etikette bei Hofe und veröffentlichte – zur Freude vieler Pfälzer – ihre Eindrücke über das von Intrigen bestimmte Leben am französischen Königshof: ungeschminkt, mitunter derb, nichts und niemanden verschonend.

Trotz aller Unterdrückungsmaßnahmen der staatlichen Organe gegen die liberale, demokratische wie nationale Bewegung versammelten sich am 27. Mai 1832 rund 30 000 Menschen zum Hambacher Fest. Konsequenz: Metternich setzte ein Verbot der Presse- und Versammlungsfreiheit durch. Die Initiatoren, die nicht fliehen konnten, wurden verhaftet.

Lieselotte von der Pfalz (1652–1722) kam aus Heidelberg und lebte mehr als 50 Jahre als Herzogin von Orléans am französischen Hof. Die Schwägerin des Sonnenkönigs Ludwig XIV. fühlte sich in dieser schranzenhaften, parfümierten Welt isoliert. Mit ihren ungeschminkten wie eindrucksvollen Schilderungen der Zustände in Versailles schrieb sie sich ins Herz der Pfälzer. Bis heute.

Im Dom zu Speyer haben sie ihm ein Denkmal gesetzt: Rudolf von Habsburg, 1273 gekrönter Parteigänger der Staufer, wagte noch einmal die Wiederherstellung der alleinigen Königsmacht wider die Kleinstaaterei – und scheiterte. Der Pfalz indes hat seine 20jährige Herrschaft Vorteile gebracht. Germersheim wurde von ihm gegründet, Landau, Neustadt und Kaiserslautern verlieh er die Privilegien freier Reichsstädte. „Das Volk weinte am Wege um die Kraft Deutschlands, die in ihm lebte und mit ihm starb", berichtet der Volkskundler August Becker über den 15. Juli 1291. Naturgetreu, in Sandstein gemeißelt, erscheint zudem auf der Grabplatte im Speyerer Dom sein Porträt.

Die Namen wechselten: im Mittelalter Kestenburg, im vergangenen Jahrhundert Maxburg, heute Hambacher Schloß. 700 Jahre lang war die beinahe an der ganzen Haardt sichtbare Reichsfeste in bischöflich-speyerischem Besitz – die meiste Zeit als Ruine. Im Mai 1832 zogen rund 30 000 freiheitlich gesinnte Bürger „hinauf zum Schloß", um gegen Kleinstaaterei, für die Freiheit und Einheit Deutschlands zu demonstrieren. Erstmals wurde in Hambach die schwarz-rot-goldene Fahne gehißt. Heute erinnert eine Dauerausstellung in der restaurierten „Wiege der Demokratie" an die damaligen Ereignisse.

Fast jeder, der einmal in Neuleiningen war, kommt immer wieder an diesen Ort zurück. Markant und weithin sichtbar hebt sich die einem Adlerhorst gleichende Befestigung von der Rheinebene ab. Malerwinkel und Fachwerkhäuser ducken sich im Schatten von Burgruine und Wehrkirche. Die Zahl der längs zum Berg verlaufenden Gassen läßt sich an einer Hand abzählen. Treppen ersetzen hier die Straßen. Die Burganlage – errichtet nach dem Vorbild burgundischer Wehrbauten – war von vier Türmen flankiert und somit eine der mächtigsten Festungen der Pfalz. Stärkste Waffe indes war eine Frau: Eva von Leiningen ließ im Bauernkrieg 1525 die Bauernscharen in den Burghof ein, bewirtete sie mit Speis und Trank – und sorgte so für den friedlichen Abzug.

Angreifer der Burg Berwartstein, über Erlenbach im Dahner Land gelegen, waren nicht zu beneiden: Wie eine Felsenburg einnehmen, bei der die meisten Treppen und Gänge aus dem Felsen gemeißelt waren, wo alle Holztreppen und Strickleitern bei Gefahr eingezogen wurden, wo das Innere der Burg einzig durch einen Aufstiegskamin zu erreichen war, der dann von nur einem Mann mit heißem Pech oder flüssigem Brei verteidigt werden konnte? Ein Meisterstück militärischer Baukunst im Mittelalter, in dem sich Besucher auch heute noch wie Eroberer vorkommen können.

Stadtgeschichte für besonders Eilige am rund fünf Meter hohen Kaiserbrunnen: Auf einer Fläche, deren Durchmesser zwölf Meter beträgt hat der Pfälzer Bildhauer Gernot Rumpf, dessen Brunnen auch die Stadtbilder von Ludwigshafen, Neustadt und Deidesheim verschönern, all das zusammengetragen, wofür Kaiserslautern auch außerhalb des Pfälzerwaldes bekannt ist. Ganz oben auf dem Brunnen stehen Rücken an Rücken zwei Figuren, die europäische Geschichte geschrieben haben und aus der Stadtgeschichte nicht wegzudenken sind: Kaiser Friedrich I. (um 1125–1190), bekannt unter dem Namen Barbarossa, sowie Rudolf von Habsburg. Ersterer ließ hier 1152 eine Kaiserpfalz errichten, wurde auch ein halbes Dutzend Male dort gesichtet; der zweite verlieh „Lautre", wie es die Einheimischen nennen, 1276 die Stadtrechte. Zu Füßen der beiden Regenten findet man vieles, was zum Wohl und Wehe von Kaiserslautern – mit rund 100 000 Einwohnern nach Ludwigshafen zweitgrößte Stadt der Pfalz und Oberzentrum für 500 000 Menschen – beiträgt oder beigetragen hat: Klar, der Fußball steht für die Gipfelstürmer vom 1. FC Kaiserslautern, der Opel-Motor für den größten zivilen Arbeitgeber, die Nähmaschine ist eine Hommage an den Fabrikanten Georg Michael Pfaff, die Eule symbolisiert die Universitäts- und Gelehrtenstadt, der Fisch schließlich ziert das Stadtwappen und fühlt sich in sauberem Wasser (und nichts anderes heißt „lautern" aus dem althochdeutschen Wort „Hlutraha" übersetzt) pudelwohl. Und die Maus? Sie ist das Erkennungszeichen des Künstlers.

Es lohnt sich, in Kaiserslautern länger zu verweilen, genauer hinzuschauen. Liebe auf den zweiten Blick. Die Barbarossa-Stadt ist mehr als Fußball-Hochburg und größte europäische NATO-Garnison, die natürlich die Konversion, die Umwandlung militärischer Güter und Anlagen in zivile Projekte, besonders spürt. Daß man nicht nur im Fußball hoch hinaus will, zeigt schon das Rathaus: 24 Stockwerke verteilen sich auf 84 Meter Höhe. Von der Dachterrasse aus bietet sich ein imposanter Blick auf den alten Kern und die sanften, bewaldeten Hügel, die schützend die Stadt umgeben. Über unseren Köpfen fliegt ein großes Transportflugzeug ein, landet wenige Kilometer westlich auf dem amerikanischen Militärflughafen in Ramstein, von dem nun auch die letzten lärmenden Düsenjets abgezogen sind und der nach und nach zu einem Güterumschlagplatz der US-Armee ausgebaut wird.

Zu Füßen des modernen Verwaltungstraktes liegt die „Burg", vielmehr das, was von ihr übrig ist. 1569 ließ der „Jäger aus Kurpfalz", Pfalzgraf Johann Casimir, neben der Kaiserpfalz Barbarossas ein Renaissance-Schloß errichten. Geblieben sind letzte Reste der einst imposanten Burg sowie ein Rekonstruktionsversuch des Casimirsaals der Barbarossaburg, heute die gute Stube der Stadt. Gegenüber, auf der anderen Straßenseite, nimmt die gewaltige Fruchthalle Platz und Raum ein. Unverkennbar ist das bauliche Vorbild, der Palazzo der Medici in Florenz. Für einen Wimpernschlag war die Fruchthalle Schauplatz der Deutschen Revolution: 1849 tagte hier die provisorische Regierung der Pfalz.

Sehenswert ist vieles in Kaiserslautern, trotz der tristen Stadtgeschichte, Belagerungen und Zerstörungen, spanischer, schwedischer, französischer und russischer Truppen auf dem Durchzug. Die Stiftskirche St. Martin und Maria in der Marktstraße beispielsweise, bedeutendste gotische Hallenkirche in Südwestdeutschland, gehört zu den interessantesten Bauwerken der Stadt. Dieser, in rotem Sandstein gehaltene Sakralbau steht über dem wohl ältesten Siedlungskern Kaiserslauterns. Prämonstratenser, von Barbarossa 1176 hierher berufen, begannen wahrscheinlich Mitte des 13. Jahrhunderts mit dem Bau.

Als anschauliches Beispiel einer mittelalterlichen Bettelordenskirche gilt die Minoritenkirche St. Martin, heute die katholische Pfarrkirche in der Klosterstraße. Innen wie außen von großer Schlichtheit, überrascht dieses Franziskaner-Bauwerk durch seinen starken Knick zwischen dem gewölbten Chor und dem flachgedeckten Langhaus. Die Erklärung ist denkbar einfach: Die Mönche waren bescheidene Leute und wollten mit ihrer Kirche nicht der kürzesten Verbindung zwischen Stadttor und Ortsmittelpunkt im Wege stehen.

Hinaus ans Tageslicht, zurück zu den weltlichen Dingen: Martinsplatz beispielsweise. Das Herz der Lauterer Altstadt ist ein Platz mit beinahe provenzalischem Flair: schattenspendende Bäume, gepflegte Hausfassaden in Ockertönen, ein großer Brunnen sowie ein halbes Dutzend Straßencafés und Bistros schaffen eine einladende Atmosphäre. Er ist Mittelpunkt des urbanen Treibens schlechthin. Hausfrauen sitzen hier nach dem Markteinkauf, Studenten und GIs, Fans vom FCK.

Dieser FCK, welch ein Phänomen! Er ist der Werbeträger Kaiserslauterns schlechthin, identitätsstiftend für eine ganze Region zwischen Bingen und Pirmasens, Trier und Ludwigshafen. Man findet kaum ein Auto, das nicht zumindest durch einen Aufkleber seine Sympathie mit dem Verein kundtut. Fritz Walter, dem Fuß-

Der Staufer Barbarossa-Kaiser Friedrich I. (1122–1190) baute den Trifels zur Hauptburg aus und gründete Kaiserpfalzen wie etwa 1152 Kaiserslautern. Die Miniatur (um 1188) zeigt „Barbarossa" (Rotbart) als Kreuzfahrer.

ball-Helden von 1954, hat der Verein ein Denkmal gesetzt: Fritz-Walter-Stadion heißt der gefürchtete Betzenberg seit einigen Jahren. Phänomen Betzenberg: Hier sind die „roten Teufel“ los – alle 14 Tage samstags, nicht nur wenn die Bayern kommen. Mitte der siebziger Jahre dachten diese schon darüber nach, überhaupt nicht mehr in Kaiserslautern anzutreten und die Punkte gleich per Post zu schicken.
Ins Träumen gerät man auch am Gelterswoog, einem idyllischen, bewaldeten Weiher am Stadtrand von Kaiserslautern. Wir sind unterwegs im Landkreis: Wiesen und Wild, Wasser und Wald satt. Ein Naturerlebnis ist das Karlstal, wo sich die Moosalb über zerklüftetes Gestein ins Tal hinabstürzt. Oberhalb des Bachlaufs, auf 400 Metern Höhe, liegt der Luftkurort Trippstadt im „Kranz der Wälder“. In dieser baumbestandenen, wasser- wie buntsandsteinreichen Region hinterließ Freiherr Ludwig Anton von Hacke im 18. Jahrhundert seine bis heute sichtbaren Spuren. Er baute das Karlstal „industriell“ aus, versah es mit Eisenhämmern, die ein Jahrhundert später von der Familie Gienanth, den „Krupps“ der Pfalz, übernommen wurden. In Trippstadt selbst ließ er 1766 ein zweigeschossiges Rokokoschlößchen mit einer für diese Region nicht zu vermutenden Parkanlage errichten – heute Sitz der Forstlichen Versuchsanstalt Rheinland-Pfalz. Theodor Heuss (1881–1952) verbrachte als junger Spund seine Ferien hier. Das ist in seinen Jugenderinnerungen belegt: „Geblieben ist als mächtiger Kindheitseindruck dies eine: Wald.“ Friedrich Schiller (1759–1805) soll ebenfalls hier gewesen sein. Belegen läßt sich dies aber nicht, höchstens vermuten. Zu den Schloßherren bestand Kontakt, seine Ballade „Ein Gang zum Eisenhammer“ könnte durch einen Besuch in Trippstadt inspiriert worden sein. Könnte . . .

Kaiserslauterns „gute Stubb“ ist der rekonstruierte Casimirsaal des Renaissance-Schlosses von Pfalzgraf Johann Casimir. Von der einstigen Barbarossaburg an dieser Stelle sind die Grundmauern noch erhalten.

Eine andere Welt liegt nördlich von Kaiserslautern. Die „Alte Welt“ wird sie genannt, und sie ist krumm und bucklig. Die schmalen Straßen erlauben es nicht, dem modernen Geschwindigkeitsbedürfnis der neuen Welt nachzugeben. Flache Täler, sanfte Höhen, Wälder, Felder, Wiesen und Weiden fügen sich zu einer stillen, harmonischen Landschaft. Alt ist die Siedlungsgeschichte von Otterberg. 1144, vier Jahre früher als die Prämonstratenser von Enkenbach, gründeten Zisterzienser die Abtei in Otterberg. Die Kirche erfüllt alle Zisterzienser-Regeln: Lage in unwirtlicher, einsamer Gegend, keine Türme, rechteckiger Chor. Die zweitgrößte Kirche der Pfalz (nach dem Speyerer Dom) ist ein Musterbeispiel zisterziensischer Baukunst und läßt an der Westfassade mit Spätromanik und Frühgotik zwei Baustile erkennen, zu denen sich maurische Einflüsse gesellen. Durch die Nutzung als Simultankirche ist Otterberg auch ein spannendes Stück Pfälzer Kirchengeschichte. 1708 wurden Querhaus und Langhaus durch eine 1,20 Meter dicke Mauer voneinander getrennt. Die Katholiken hielten ihre Messe im Querhaus, die Protestanten im Langhaus. 1979 entfernte man die Trennwand. Geblieben sind die Vorbehalte: Jede Konfession hat ihren eigenen Eingang, die einen bleiben im Querschiff, die anderen im Längsschiff. Dies wirft im Alltag beispielsweise die Frage auf, wer die Stromrechnung bezahlt oder die Kosten für die neue Orgel übernimmt, die ja nicht in beiden Schiffen zugleich stehen kann.
Harmonischer geht es im Westpfälzer Musikmuseum in Mackenbach zu. Zwar ist das Museum nicht so bekannt wie jenes auf Burg Lichtenberg im Landkreis Kusel, aber den Begriff Musikantenland trägt die Region zu Recht: Bis zu 2500 Musikanten zogen von hier aus in die weite Welt und ernährten mit ihrem Lohn einen Großteil der Bevölkerung, denn Arbeit gab es vor der Haustüre keine. Allein in Mackenbach stehen 115 Häuser, die mit Musikantengeld erworben oder erbaut worden sind. Ob als Zirkusmusiker oder in namhaften Orchestern: Der Name Mackenbach hatte einen guten Klang – im Zirkus von Budapest und dem Turins, im Wanderkino zu Warschau, beim Oktoberfest in München. Die prominentesten Wandermusiker: Daniel Kuntz aus Oberstaufenbach war Mitbegründer des Bostoner Symphonieorchesters, Heinrich Jacob aus Mackenbach leitete 1932 die Bigband, die den ersten öffentlichen Auftritt eines Sängers namens Frank Sinatra begleitete, Georg Drumm komponierte den Marsch „Hail America“, der offizielle Zeremonienmarsch des Weißen Hauses in Washington bis zum heutigen Tage. Staatsgäste aus aller Welt werden von dem US-Präsidenten mit dieser Hymne eines Pfälzers begrüßt.

Die mächtige Abteikirche der Zisterzienser beherrscht das Ortsbild von Otterberg nordöstlich von Kaiserslautern. 1254 wurde die kreuzförmige Gewölbebasilika geweiht. Kurfürst Friedrich III. forderte die Mönche 1560 auf, Otterberg zu verlassen. Die Mönche gingen, wallonische Flüchtlinge kamen: Pfalzgraf Casimir siedelte sie hier mit ihren Tuch- und Ledermanufakturen an.

Kaiserslautern hat viele Gesichter: Tor zum Pfälzerwald, Universitäts- und Barbarossastadt, NATO-Garnison, Stadt des Fußballs und der Nähmaschinen. Schönster Anblick ist der Martinsplatz mit seinem historischen Renaissanceportal-Rathaus und dem Drei-Schalen-Brunnen – eine italienisch anmutende Piazza im Oberzentrum der Westpfalz. Die Kastanien bieten allen Schatten: Einheimischen und Pendlern, Soldaten und Studenten wie auch den „roten Teufeln", den Fans des 1. FC Kaiserslautern.

'S SPATZERL

Ein wild-romantisches Idyll unweit von Kaiserslautern ist das Karlstal bei Trippstadt. Eichen und Buchen lassen kaum einen Sonnenstrahl in die enge Talschlucht dringen; überall rauscht und gluckert die Moosalb. An den Felsen über dem brausenden Bach sind Stege angelegt. An den Wochenenden trifft man hier viele „Lautrer“. Auch der „Jäger aus Kurpfalz“ – Pfalzgraf Johann Casimir – hatte hier sein Revier. Unter der Woche jedoch ist das Karlstal ein ruhiger, lauschiger Fleck.

Aus Pirmasens stammt über ein Drittel der deutschen Schuhproduktion. Klar, daß sich beim Schuhkauf dort so manches Schnäppchen machen läßt. Unverkäuflich indes sind die „Exponate“ im Schuhmuseum: historische Fußbekleidung aus aller Herren Länder. Untergebracht ist die Sammlung im Alten Rathaus, einem dreigeschossigen Rokokobau aus der Zeit um 1770. Reizvoll ist ein Blick aus dem Fenster des Rathauses auf den originellen Vorplatz des Museums mit seiner Brunnenanlage und der nach einem Glaubensboten der Westpfalz benannten Kirche St. Pirmin.

Die Bauern im Donnersbergkreis können getrost auf den allmorgendlichen Wetterbericht verzichten. „Wenn der Donnersberg Hutzele kocht, kriegen wir die Brüh", sagen sie. Gemeint ist: Steigen im Donnersbergmassiv die Nebel empor, ist das mit dem Regen nur eine Frage der Zeit. Imposant hebt er sich von seiner Umgebung ab, dieser 687 Meter hohe König der Nordpfalz. Majestätisch baut er sich an einem Sommermorgen auf, weckt Zutrauen und ein Gefühl der Geborgenheit. Wir nähern uns ihm von Osten, über die sich immer weiter vom rheinhessischen Alzey durch das Nordpfälzer Bergland fressende A 63 nach Kaiserslautern. Hier sind die Kontraste am eindrucksvollsten, steht dieser alte Lavakegel unverrückbar wie eine Wand, tapeziert in sattem Grün mit gelben Tupfen. Der Ginster blüht. Wie kein zweiter beherrscht dieser sechs Kilometer lange Bergrücken sein Umland und wacht über die Rheinebene von Bingen bis Speyer. Die Vorderpfälzer, die in dem reich gesegneten Landstrich zwischen Rhein und Haardtrand wohnen, verirren sich selten in diese Gegend. Touristen sind da viel unvoreingenommener, entdecken „Aschenputtels Schönheit". Die ersten, die kamen, waren Kelten. Sie errichteten um ihre heute längst versunkene Stadt auf dem Donnersberg einen schützenden Ringwall. Achteinhalb Kilometer war er lang und bildet sich heute noch über weite Strecken deutlich sichtbar heraus. Zudem wurde ein Teilstück des Keltenwalls rekonstruiert – als Stütze der Phantasie.

Malerische Orte und Reste von einst bedeutsamen Burgen und Klöstern prägen dieses Land: das gar nicht weit entfernte Meisenheim am Glan etwa oder Obermoschel mit seiner Burgruine. Wir bleiben am Fuß des Donnersberges: In Falkenstein wünscht man sich eine Staffelei herbei. Malerisch lehnt sich das Dorf an einen 549 Meter hohen Felsen, auf dem die Burgruine Falkenstein aus dem 12. Jahrhundert als Sinnbild der Ritterburgenromantik thront. Unvermutet stößt man im benachbarten Schweisweiler im Alsenztal auf einen zierlichen Rokokobau, die katholische Kirche St. Ägidius. Balthasar Neumann (1687–1753) sei ihr Baumeister gewesen, heißt es immer wieder. Stimmt aber nicht! Die Herren von Frankenstein stammen aus Vorderösterreich, und von dort soll auch der unbekannte Baumeister gekommen sein. Über Dannenfels, wo man das Wandern in einer Schule erlernen kann, führt der Weg zur schmucken, kleinen Residenzstadt Kirchheimbolanden. Liebe auf den ersten Blick! Man wähnt sich beinahe im 18. Jahrhundert, gäbe es in „Kibo" – so nennen die Einheimischen das Zentrum des Donnersbergkreises – keine Leuchtreklame, Autos oder elektrische Straßenbeleuchtung. Sicher, die Zeit ist auch hier nicht stehengeblieben, nur haben die Zeiten, die auf die Blüteperiode des Städtchens im 18. Jahrhundert folgten, weniger Spuren hinterlassen als anderswo. So staunen wir über die Kavaliershäuser, die Treppen und Türme, die malerischen Winkel und trutzigen Wehrgänge. 1737 waren die Grafen von Nassau-Weilburg in den Reichsfürstenstand erhoben worden. Sie legten ihre Residenz nach Kirchheim (Bolanden ergänzte den Namen erst im 19. Jahrhundert). Gut 40 Jahre später kam prominenter Besuch. Der junge Wolfgang Amadeus Mozart (1756–1791) weilte auf Einladung von Fürstin Karoline in der Stadt und musizierte auf der Orgel von Johann Michael Stumm. Die heißt seitdem Mozartorgel, und es gibt sie heute noch – eines der wenigen original erhaltenen Instrumente des 18. Jahrhunderts.

Kirchheimbolanden bietet sich als Ausgangspunkt für zwei Rundreisen an, wahlweise zu Schätzen aus Romanik und Gotik oder aber Renaissance und Barock. Ziele der Nordpfälzischen Romanik- und Gotikstraße sind die romanischen Kirchen von Stetten und Bubenheim, die Gotteshäuser

Stumm-Orgel heißt sie nach ihrem Erbauer Johann Michael Stumm, Mozartorgel wird sie im Volksmund genannt: Wolfgang Amadeus Mozart besuchte im Januar 1778 auf Einladung der Fürstin Karoline Kirchheimbolanden und spielte in der Lutherischen Schloßkirche, heute heißt sie Ev. Pfarrkirche St. Paul. Nicht die Orgel, die eine der besterhaltenen Barockorgeln Deutschlands ist, wohl aber der Lohn stimmte den 22jährigen unzufrieden.

in Imsweiler und Alsenz und nicht zuletzt die Burgruine Falkenstein. Als Höhepunkte der rund 80 Kilometer langen Renaissance- und Barockroute gelten die Orte Gaugrehweiler, Göllheim und Münchweiler.

Der Donnersbergkreis steckt voller Überraschungen – über wie unter Tage: Wein beispielsweise gibt es gleich aus zwei Anbaugebieten. Das Zellertal gehört zur Pfalz und wird von den Winzern selbstbewußt als das I-Tüpfelchen der Weinstraße vermarktet, das Alsenztal bildet den südlichsten Punkt des Anbaugebietes Nahe.

Ein wichtiges Kapitel der Wirtschaftsgeschichte wurde hier unter Tage geschrieben. Eine frühere Tongrube in Eisenberg sowie ein Erzbergwerk in Imsbach sind für Besucher zugänglich gemacht worden. Die „weiße Grube" steht für den Erzabbau im Imsbacher Revier. Die mit Schlägel und Eisen geschlagenen, im 18. Jahrhundert geschaffenen Stollen sind noch gut erhalten. Jünger ist die Geschichte des Eisenberg-Hettenleidelheimer Tonbergbaus. Der erste verläßliche Hinweis geht auf das Jahr 1767 zurück. Wurde damals der Ton für die Glas- und Porzellanherstellung verwendet, bekam er in der zweiten Hälfte des 19. Jahrhunderts zusammen mit den Klebsanden Bedeutung für die Eisenhüttenindustrie. 800 Leute waren Mitte der sechziger Jahre noch im Revier, der „Erdekaut", beschäftigt, förderten in 28 Gruben bis zu 400 000 Tonnen Rohton. Das ist die Geschichte. Mit dem Niedergang der Eisenhüttenindustrie zehn Jahre später verloschen auch die Bergmannslichter. Vor Bergschäden warnt heute ein Hinweisschild auf der holprigen Straße zwischen Eisenberg und Hettenleidelheim. Geblieben ist links und rechts der Straße eine einzigartige, bizarre Industrieruine mit Fördertürmen, in der sich die Natur ihr Terrain längst zurückerobert hat. Frösche quaken in den Tümpeln im Schatten des Förderturms, seltene Pflanzen überwuchern die Narben und Abraumhalden der Vergangenheit. Ein Refugium für Flora und Fauna. Der Bahnhof in Hettenleidelheim ist heute längst ohne Gleisanschluß, das Bergmannsblasorchester indes existiert weiter. Wachgehalten wird die Reviergeschichte in den Bildern der Dorfmaler, im Heimatmuseum wie im Eisenberger Reindlstollen. 1000 Meter ist er lang, mal mit Kiefernholz, mal mit Beton ausgebaut. Was bleibt, ist eine gehörige Portion Ehrfurcht.

Grube 7 am Riegelstein im Tonabbaugebiet zwischen Hettenleidelheim und Eisenberg ist eine der wenigen Gruben, die heute noch zu sehen sind. Inzwischen dient sie ausschließlich der Bewetterung (Frischluftzufuhr) der Grube Abendtal, in der noch geringe Mengen Ton abgebaut werden.

Zurück ans Tageslicht: Weitläufige, strohgelbe Getreidefelder, Kartoffel- und Rübenäcker bestimmen die Landschaft im Eisenberger Becken. Westlich schließt sich der Stumpfwald an. Aus ihm schießt die Eis, die so heißt, weil man am Ufer des Baches Eisenerze fand. Touristen sind in dieser Einsamkeit selten anzutreffen. Zu entdecken jedoch ist vieles: etwa quellaufwärts der Eiswoog, ein idyllischer Badeweiher mit dem markanten Viadukt der stillgelegten Bahnlinie Grünstadt-Enkenbach oder das Walddorf Ramsen. Durch ein Seitental führt ein kleines Sträßchen am Rodenbach entlang zum Rosenthalerhof. Hier, am Ende dieses abseitigen Waldtales, entwickelte sich im frühen Mittelalter die Zisterzienserabtei St. Maria im Rosenthal, wohl das bedeutendste aller Frauenklöster im weiten Umkreis. Heute ist der Rosenthalerhof zwar eine efeuumrankte Ruine, dennoch ein lohnenswertes Wanderziel. Erhalten und restauriert sind Teile des ehemaligen Langhauses der Klosterkirche mit einem spätgotischen Türmchen.

Am südlichen Rand des Eisenberger Beckens durchschneidet die für die Region lebenswichtige Autobahn Mannheim-Saarbrücken, deren Trasse dem alten Römerweg von Mainz nach Paris folgt, die Ackerflure. Das Eisenberger Becken ist das Kernstück des Leiningerlandes. Ein

Vor einer feingegliederten, efeuumrankten Klosterruine in einem abgelegenen Seitental bei Eisenberg steht diese Mutter Gottes. Die ehemalige Abtei St. Maria im Rosenthal entwickelte sich im frühen Mittelalter zum bedeutendsten Zisterzienserinnenkloster in weitem Umkreis. Erhalten sind Teile des Langhauses der Kirche und ein spätgotisches Türmchen.

Panorama-Wanderweg gibt – von Wattenheim kommend – immer neue Ausblicke frei: auf die Burg Altleiningen, den Donnersberg, über Neuleiningen hinweg in die Rheinebene oder auf den Grünstadter Berg. Über die Höhe von Wattenheim hinab geht es ins malerische Eckbachtal: Birken markieren den Weg durch dieses stille Wiesental. Der Boden gab nichts her, die Industrie lag brach. So wurde Carlsberg um die Jahrhundertwende zur größten Händlersiedlung Deutschlands für Kurz- und Galanteriewaren. „Uff de hannel" gehen heute nur noch wenige, die Händlersprache indes hat sich bei den Älteren erhalten, das „Lotogorisch", eine Mischung aus Jiddisch und Armenisch. Vorbei am Stammsitz der Leininger – Burg Altleiningen – nach Höningen, wo Reste eines Augustiner-Chorherrenklosters erhalten sind. Eine kurvenreiche Einsamkeit über Lindemannsruh führt zum Dürkheimer Ortsteil Leistadt. Plötzlich ist es wieder da, das gleißende Licht der Weinstraße, die vertraute Kultiviertheit der Rebenlandschaft.

Wenige Minuten später tauchen wir wieder ein, in den Pfälzerwald, diesmal in sein Innerstes. Selbstverständlich ist das nicht. Die großen Verkehrswege und Einschnitte, die vom Wein in den Wald führen, lassen sich an einer Hand abzählen: Bad Dürkheim, Neustadt, Annweiler und Bad Bergzabern. Papier- und Sägemühle prägen den Weg hinauf durch das Isenbachtal nach Frankenstein. Die Burg am Schnittpunkt der Diözesen Speyer und Worms ist einer der ältesten Adelssitze im Pfälzerwald. Eine Urkunde belegt das Jahr 1146. Die Ruine ragt auf einem Sandsteinfelsen, durch den ein Eisenbahntunnel führt, über das Speyerbachtal empor. Sehenswert sind die Reste der frühgotischen Kapelle mit ihrem Erker sowie die erhaltenen Teile der Wohnbauten und des Bergfrieds. Über Hochspeyer geht es weiter zum Johanniskreuz, dem Mittelpunkt des Pfälzerwaldes. Dieser ist alltags eine buchen- und eichenbestandene Waldeinsamkeit, an den Wochenenden jedoch Treffpunkt aller Zweifüßler und -räder. Die einen kommen, weil sich hier wichtige Wanderwege kreuzen, die anderen, weil die Straßen hinauf aufs 473 Meter hohe Johanniskreuz besonders kurvig sind. Wanderwege weisen in alle Himmelsrichtungen: grüne, rote und gelbe Kreuze, farbige Streifen, Pfeile und Zahlen bieten Orientierungshilfen. Hier, an dieser Buchen- und Furniereichenlichtung, wo der Große Westpfalz-Wanderweg auf den Barbarossa- und Pfalzgrafen-Wanderweg trifft, wird der Wanderer ernst genommen. Sich verirren, verhungern und verdursten muß hier niemand. Der Pfälzerwald-Verein hat mit der Wegemarkierung beispielhafte Arbeit geleistet, bewirtschaftet Dutzende von Wanderhütten, in denen es am Wochenende immer deftige Hausmannskost und Wein gibt, Wasser in Ausnahmefällen, Bier nie. Die Pflege eines intakten Wanderwegenetzes gehört zu den vornehmsten Aufgaben der zahlreichen Ortsgruppen des Pfälzerwald-Vereins. Beispiel Trippstadt: Im Jahr 1969 waren es zehn Gründungsmitglieder, daraus sind im Laufe eines Vierteljahrhunderts rund 700 engagierte Wanderer geworden. Sie kümmern sich zudem um Schutzmaßnahmen für Vögel und Fledermäuse und haben Holzkohlebrennöfen im Schwarzbachtal zwischen Trippstadt und Johanniskreuz vor dem Verfall gerettet.

Kleine Weiher säumen den mit einem weißen Kreuz markierten Westpfalz-Wanderweg. Vorbei an uraltem Baumbestand hat sich der Schwarzbach sein Bett gegraben. Inmitten dieser lauschigen Idylle steht der Wanderer plötzlich vor den Einlässen zu den Kohlebrennöfen. Hinter den Öffnungen liegen große Kammern mit eiförmig zulaufenden, rußgeschwärzten Wänden. Der Geruch von verbranntem Holz steigt in die Nase. Holzkohle wurde hier während der Wirren des Zweiten Weltkriegs produziert. Die Buchenwälder ringsum, ausreichend Wasser und die gute Lage waren die maßgeblichen Punkte, die die Forstverwaltung 1943 bei ihrer Standortwahl berücksichtigte. Heute sind diese Öfen beinahe einmalig. Lediglich im Steigerwald sind noch ähnliche Brennstellen zu finden.

Karg sind die Böden im Pfälzerwald. Außer Buntsandstein ist hier nicht viel zu holen. Siedlungen entstanden meist nur da, wo der Wald selbst eine Existenzgrundlage bot. So ist der Pfälzerwald –

hervorgegangen aus forstlichen Einzelbezeichnungen wie Frankenweide oder Stiftswald – eines der an wertvollem Eichenholz reichsten Waldgebiete überhaupt. Zum Laubholzbestand zählen neben Eichen auch Eschen, Buchen und Birken, Ahorn und Akazien.

Richtung Süden stürzt sich die B 48 vom Johanniskreuz hinab ins Tal der Queich bei Annweiler am Trifels. Die Stadt ist ein Schmuckkästchen, strahlt Staufer-glanz aus. Malerische Winkel, Erker und Giebel, Fachwerk und roter Sandstein findet man dort zuhauf. Die Postkarten-Ansicht der Stadt ist die Wassergasse an der Queich, beliebtester Blick indes der „Dreiburgenblick“ von den Höhen nördlich der Bahn. Die Ruinen Anebos und Scharfenberg sowie die Reichsfeste Trifels wachen über dem Tal der Queich. Der Salierkaiser Heinrich V. (1086–1125) verfügte auf seinem Sterbebett, daß die Reichskleinodien hier aufbewahrt würden. Gesagt, getan: Rund 150 Jahre waren die Insignien der Macht – Krone, Zepter und Reichsapfel – in der Reichsfeste untergebracht. Uneinnehmbar und sicher, das war er, der Trifels. Der englische König Richard Löwenherz bekam es hier als Gefangener zu spüren. Mit schwindender Königsmacht sank auch die Bedeutung des Trifels. Heute ist er alles andere als uneinnehmbar und gehört zum Pflichtprogramm der Pfalz-Besucher.

Die Queich ist Grenzfluß. Früher trennte sie 150 Jahre lang Deutschland von Frankreich, heute den Pfälzerwald vom Wasgau, der hinter der grünen Grenze Vogesen heißt. Wasgau – ein rätselhaftes Wort. Es klingt nach lange zurückliegenden Geschichten. Die einzigen Zeugen sind wehrhafte Burgen und markante, freistehende Felsentürme. „Hätt' ich doch einen göttlichen Pinsel, ich wollte Ihnen gleich einige Seiten von diesem vortrefflichen Amphitheater der Natur hinmalen, so lebhaft hat es sich meiner Phantasie eingedrückt.“ Goethes Jugendfreund Jacob Michael Reinhold Lenz (1751–1792) hat diese Zeilen beim Anblick der Wasgauberge geschrieben und fährt fort: „Berge, die den Himmel tragen, Täler voll Dörfer zu ihren Füßen, die dort zu schlafen scheinen wie Jacob am Fuße seiner Himmelsleiter.“

Überraschung in Rinnthal: Die evangelische Kirche, ein klassizistischer Tempel in einem ansonsten eher schlichten Dorf, kann man sich als Pendant zur Ludwigshöhe bei Edenkoben lebhaft vorstellen. Aber hier? Immer wieder wird gemunkelt, daß hier eine Verwechslung der Baupläne vorlag. Keine Spur. „Altbekannte“ hatten ihre Hände mit im Spiel: Leo von Klenze (1784–1864) sowie Bayern-König Ludwig I.

Nicht weit davon entfernt: die Dahner Burgen. Kolossal und gewaltig wirken die drei Felsenschlösser Altdahn, Grafendahn und Tanstein. Viele Generationen haben an ihnen gebaut; die älteste Burg, Altdahn, datiert ins 11. Jahrhundert zurück. In Buntsandstein gehauene Felsenkeller, abenteuerliche, über schwindelerregende Abgründe geführte Felstreppen, hier ein Turm, dort ein Verlies: Das ist der Stoff, aus dem Märchen und Sagen sind. Aus dem dichten Grün des Waldes erheben sich zwischen Hinterweidenthal und Dahn mächtige rotbraune Felspartien wie Klippen am Rande eines Meeres: das Dahner Felsenland. Bizarr sind die Formen dieses beliebten Kletterreviers, skurril ihre Namen. Braut und Bräutigam lauten sie, Jungfernsprung und Teufelstisch. Was es damit auf sich hat? Nun, das ist eine andere Geschichte . . .

Die Mauerreste der Burgruine überragen den Erholungs- und Wanderort Elmstein im oberen Speyerbachtal im Pfälzerwald. Die überlieferte Geschichte beginnt mit der von den Pfalzgrafen 1156 erbauten Burg. Das 1466 gegründete Dorf war in den Mauerring der Burg einbezogen und teilte deren Schicksal: die Zerstörung im Pfälzischen Erbfolgekrieg 1688. Schönster Anreiseweg in die wiederaufgebaute Fachwerkidylle ist an den Wochenenden die Museumseisenbahn „Kuckucksbähnel“ ab Neustadt.

Ackerbau und Viehzucht bestimmen die Landschaft rund um den Donnersberg. Zuckerrüben und Kartoffeln, die hier Grumbeere heißen, bescheren Ackergold. Im 18. und 19. Jahrhundert sorgten Erze und Tone für Reichtum. Der 687 Meter hohe „König der Nordpfalz“ gab einst einem französischen Departement und später einem ganzen Kreis seinen Namen, und die Einheimischen werden auch die Verbindungen zum germanischen Donnergott Donar nicht leugnen. Etwas Fernes, Unnahbares wie Geheimnisvolles hat dieser mächtige Gebirgsstock allemal. Touristen verirren sich in diese Region eher selten. Sie versäumen städtebauliche Kleinode, ausgedehnte Rapsfelder, Schlüsselblumenwiesen und Orchideen.

Kriegerische Feldzüge und wetterbedingte Stürme haben in den vergangenen Jahrhunderten der Ruine Falkenstein schwer zugesetzt. Auf einer südlichen Vorhöhe des Donnersberges schließt sie imposant das Tal ab. Unten, am Fuß der Burg, gruppiert sich das Dorf Falkenstein um die kleine Kirche, die zum Teil aus Steinen der zertrümmerten Burg erbaut wurde. Reichlich Nährboden für Sagen und Märchen, Burggeister und geheimnisvolle Schätze.

Das Wahrzeichen von Bad Bergzabern ist das Schloß – 1527 anstelle einer Wasserburg von den Zweibrücker Herzögen erbaut. Ältester der vier Gebäudeflügel, die einen rechteckigen Innenhof umschließen, ist der zweigeschossige Südtrakt an der Königstraße, der von zwei massiven Rundtürmen mit Barockhauben flankiert wird. Nicht minder eindrucksvoll präsentiert sich der Westflügel mit einem Renaissance-Portalaufbau in der Toreinfahrt. Nur wenige Meter westlich des Schlosses sieht man ein weiteres Juwel der Renaissance: das Gasthaus „Zum Engel“ – mit Obelisken und Voluten reichlich verziert – gehört zu den eindrucksvollsten Spuren, die dieser Stil in der Pfalz hinterlassen hat.

VERBANDSGEMEINDEVERWALTUNG
STANDESAMT
SCHIEDSAMT

B is in die Mitte des 19. Jahrhunderts nutzten die Gerber in Annweiler am Trifels die Wasserkraft der Queich für ihr Handwerk. Zeugnisse davon gibt es in der Stadt unterhalb des Trifels – wie hier in der Wassergasse – reichlich. Wieder in Betrieb gesetzt wurde das alte Rad der Stadtmühle an der Queich. 1086 zum ersten Mal als Hofgut erwähnt, erhielt Annweiler 1219 die Stadtrechte. Älter ist in der Pfalz nur Speyer. Annweiler wirkt heute in seinem Kern wie ein pulsierendes Freilichtmuseum mit gepflegtem Fachwerk, schönen Winkeln und malerischen Gassen.

Der Naturpark Pfälzerwald und das Pfälzer Berg- und Hügelland sind der ruhende Gegenpol zum lebhaften Weinbaugebiet am Haardtrand. Rund um Dahn erlebt der Wanderer die größte Buntsandstein-Felslandschaft Europas. Sie ist wildromantisch und voller Zauber, schauerlich und furchterregend. Wind und Wasser schufen einen bizarren Skulpturengarten mit skurrilem Namen: Der Teufelstisch bei Hinterweidenthal besteht aus einer gewaltigen, horizontalen Steinplatte, die von zwei Felspfeilern getragen wird. Im Volksmund heißt es, der Teufel habe sich aus Felsblöcken einen Tisch geschaffen, um darauf seine Mahlzeiten abzuhalten. Ein mystischer Ort, bevölkert von Eidechsen und den vom Aussterben bedrohten Wanderfalken.

Die Aufregung war groß in Speyer anno 1804. Drei Jahre zuvor war die Kommune am Rhein an die Franzosen gefallen. Kaiser Napoleon zu Ehren sollte der Westbau des Salier-Doms in einen großartigen Triumphbogen umgebaut werden. Der Dom als Steinbruch, damit wollte sich die erregte Bevölkerung nicht abfinden. Was den französischen Unterpräfekten Verney noch mehr erregte: Ein Saumarkt sollte nun an Stelle des Doms angelegt werden. Von höchster Stelle wurde dann entschieden, das monumentale Gotteshaus doch zu unterhalten. Napoleon persönlich setzte 1806 die Unterschrift unter dieses Dekret. Der Dom war gerettet. Gleiches wird ihm wohl nicht mehr widerfahren: Seit 1980 steht die Kathedrale des Bistums Speyer in der UNESCO-Liste „Kulturerbe der Welt".

Wechselvoll waren seine Geschichte und die der Stadt Speyer allemal: Konrad II. wurde 1027 vom Papst zum Kaiser des Heiligen Römischen Reiches gekrönt. Daheim, unweit seines Stammsitzes Limburg bei Bad Dürkheim, wollte er ein weithin sichtbares Zeichen, seinem Imperium ein Denkmal setzen. Drei Jahre später legte er den Grundstein für den Speyerer Dom. Der Bau ist ein logistisches Meisterstück. Tausende Kubikmeter Erdreich wurden bewegt, um den Domhügel aufzuschütten, Buntsandstein von der Haardt und aus dem Neckartal herbeigeschafft. Händler, Fuhrleute, Schiffer und Handwerker strömten aus allen Richtungen zur „größten Baustelle des Abendlandes". Als der Domgründer 1039 starb, wurde er in einer Baustelle begraben. Das heutige Bild des Domes ist weitgehend von seiner zweiten Bauphase zwischen 1082 und 1125 geprägt. Heinrich IV., der als Canossa-Gänger 1077 Geschichte machte, war einer der Bauherren. Die auf kreuzförmigem Grundriß errichtete Basilika wird von vier Türmen und zwei Kuppeln gekrönt. Eine Stiege am Ostende des südlichen Seitenschiffs führt sieben Meter hinunter in den ältesten Teil, die Krypta. Hier vor allem ist der Geist der Salier spürbar. Die Kaisergruft jedoch, in der acht Könige und Kaiser der abendländischen Geschichte ihre letzte Ruhe fanden, ist ein Bauwerk vom Anfang dieses Jahrhunderts. Den schönsten Blick auf den Kaiserdom kennen die wenigsten. Dabei ist er keine zwei Fußminuten und ein paar Treppen hinunter vom Dom zum Speyerbach entfernt. Hier, an der Sonnenbrücke, erhebt sich der imposanteste der drei romanischen Kaiserdome am Rhein über dem schmucken Fachwerk der Altstadt.

Speyer hat sich im vergangenen Jahrzehnt herausgeputzt. Im Jahr 1990 feierte man den 2000. Geburtstag. Zuvor wurde restauriert und renoviert, gepflastert und gebaut. Entstanden ist ein Edelstein, dessen Glanz am ehesten beim Gang durch die Maximilianstraße, der Flaniermeile der Stadt, zu erleben ist. Der Dom schließt den Boulevard, die einstige Einzugsstraße der Kaiser und Könige zu mehr als 30 Reichstagen, wie eine Wand nach Osten hin ab. Im Westen steht das 55 Meter hohe Altpörtel, eines der schönsten und ältesten Stadttore Deutschlands. Mittendrin, in diesem Zentrum geistlicher wie weltlicher Macht, stößt man auf das eindrucksvollste Bauwerk aus der Zeit nach der verheerenden Zerstörung der Stadt im Pfälzischen Erbfolgekrieg von 1689, die Dreifaltigkeitskirche, oder auf die „Alte Münze", das barocke Rathaus, das Bischöfliche Palais. Speyer ist ein Juwel, eingefaßt von blumengeschmückten Patrizierhäusern. Rekultiviertes 18. Jahrhundert. Geschichte auf Schritt und Tritt: beispielweise im Judenbad am Ende der nahen Judengasse. Das rituellen Waschungen dienende Kaltbad liegt fast zehn Meter unter der Erde, wurde um 1110 eingerichtet und gilt als eine der größten Anlagen dieser Art in Deutschland.

Der Maler Anselm Feuerbach (1829–1880) wurde hier geboren, die Dichterin Sophie La Roche (1731–1807) lebte hier, und ein gewisser Johann Seeger Ruland, Kaufmann seines Zeichens, machte um das Jahr 1711 einen Wein aus „zween Rebstöcke von unbekanntem Namen", die vor seiner Haustür standen. Goldgelb war er und honigsüß. Ruländer heißt dieser Wein seitdem. Heute ist die Weinwelt schlauer: Der Ruländer ist nichts anderes als der Graue Burgunder, der Pinot Grigio, den Italien-Reisende so sehr schätzen. Ob Ruländer oder Pinot Grigio, die Reben sind biologisch identisch. Der Grauburgunder indes wird früher gelesen und hat eine spürbare Säure, während der Ruländer ein wenig „barock" mundet.

Sie steht im Schatten des Kaiserdoms und ist ein Juwel: Die Dreifaltigkeitskirche in Speyer wurde 1717, sechzehn Jahre nach Baubeginn, geweiht. Eindrucksvoll wirkt die Südfassade mit Hauptgeschoß, Attika, Volutengiebel und aufgesetztem Dachreiter. Innen spannt sich eine Holzdecke in weiten, flachen Bögen mit Motiven des Alten und Neuen Testaments über den Predigtsaal zu den Doppelemporen.

Man ahnt es schon: Speyer ist auch Wein-Stadt. Sie war Wein-Umschlagplatz und Anbaugebiet des heute in Vergessenheit geratenen „Gänsfüßer“ im Mittelalter und ist heute Sitz des bedeutendsten Pfälzer Weinmuseums. Im Historischen Museum der Pfalz, einen Steinwurf vom Dom entfernt, hat das Weinmuseum als ständige Schausammlung einen würdigen Platz gefunden. Zu trinken gibt es dort nichts, zu schauen jede Menge: den vermutlich ältesten Wein der Welt etwa, eine nicht enden wollende Sammlung an Fässern und Faßriegeln, allerlei Handwerkszeug für Winzer wie Küfer sowie eine sehr imposante Baumkelter aus Lothringen.
Wir verlassen Speyer gen Norden. Am Horizont wird schon die „Skyline“ von Ludwigshafen sichtbar, die Wohntürme von Oggersheim, die Schlote der BASF. Links und rechts der Straße sind die weiten, fruchtbaren Ackerfluren in Plastik gehüllt. Agiert Verpackungskünstler Christo nun auch in der Pfalz? Mitnichten. Es ist das Gemeinschaftswerk der Landwirte im Landkreis Ludwigshafen, die ihren Gemüseäckern möglichst schnell zur ersten Ernte verhelfen wollen. Hier gedeiht unter freiem Himmel, was sonst nur in Südeuropa oder in Gewächshäusern zu finden ist. Neuerdings sogar Melonen, und was für welche. Die besten hatten wir bis dato immer in der Provence zwischen Carpentras und Cavaillon bekommen. Wieder daheim folgte auf dem Wochenmarkt eine Enttäuschung der anderen. Die simple Erklärung: Melonen reifen nach dem Pflücken kaum, müssen aber relativ unreif geerntet werden, um den Transport von Südfrankreich aus zu überstehen. Vorteil Pfalz! Die Pfälzer Melonen sind saftig und aromatisch, ein Genuß. Seitdem achten wir auf die Ortsmarke Mutterstadt. Wer den Obst- und Gemüseanbau nicht nur für den eigenen Verbrauch betreibt, liefert seine Ernte vorzugsweise bei der Genossenschaft „Pfalzmarkt“ ab. Das Einzugsgebiet ist riesig: es reicht von der französischen Grenze bis vor die Tore Ludwigshafens. Blumenkohl und Bohnen, Radieschen und Rhabarber, Spargel und Sellerie, Zucchini und Zwiebeln, aber auch Pfirsiche und Pflaumen, Äpfel und Birnen reifen in dieser Region. Das Land zwischen Rhein und Wein ist die Obst- und Gemüsekammer der Pfalz.
Auf die „Anilin“, die „Badische Anilin- und Sodafabrik“, lassen die Einheimischen in der Regel nichts kommen. Selbst wenn in den Ludwigshafener Vororten aus den Schornsteinen der BASF manchmal gelber oder weißer Staub niedergeht. Das Angebot des Industrieriesen zur kostenlosen Autowäsche wird dann dankbar angenommen, und das Thema ist erledigt. Die mit 170 000 Einwohnern größte Stadt der Pfalz entwickelte sich aus der 1606 gebauten „Rheinschanze“, einem linksrheinischen Brückenkopf der Festung Friedrichsburg in Mannheim. 1853 gilt als das Geburtsjahr dieser jungen Stadt. Alte Bausubstanz sucht man denn auch vergeblich. Um die Ankommenden scheint sich die Stadt nicht gerade zu reißen. Die Durchreisenden huschen auf einem ausgeklügelten Hochstraßensystem nach Mannheim oder Neustadt hinweg. Dennoch muß man sich dem großen Sohn der Stadt, dem Philosophen Ernst Bloch (1885–1977), der seine Heimat als triste Industriestadt bezeichnete, nicht anschließen. Nur wenige Schritte von Blochs ehemaligem Domizil in der Maxstraße entfernt beginnt die Kulturmeile der Stadt: das Theater, das Wilhelm-Hack-Museum mit seiner imposanten Eingangsfassade von Joan Miró (1893–1983) und die Staatsphilharmonie Rheinland-Pfalz. Ungemein pulsierend präsentiert sich der herausgeputzte Stadtteil Hemshof: Die Scharpf-Galerie bietet jungen Künstlern ein Sprungbrett, das freche „Theater im Hemshof“ hat weit über die Stadtgrenzen hinaus einen guten Ruf. Ludwigshafen ist die Stadt der Brunnen. Gleich 31 sind über das Stadtgebiet verteilt, mal in die Höhe schäumend wie vor dem Europaplatz oder im Ebertpark, mal plätschernd und gluckernd.

Der Spanier Joan Miró entwarf die markanteste Fassade in Ludwigshafen. Das 55 Meter lange und 10 Meter hohe Fliesenkunstwerk schmückt die Außenwand des 1979 eröffneten Wilhelm-Hack-Museums.

Oggersheim ist seit seiner Eingemeindung im Jahr 1938 ein Stadtteil von Ludwigshafen. Einst stand hier ein Schloß. Geblieben sind heute nur noch ein paar Reste sowie ein Modell der Schloßanlage im Schillerhaus. Erhalten ist die ehemalige Schloßkirche: Der flämische Baumeister Pieter-Antoon Verschaffelt (1710–1793) errichtete die spätbarocke Wallfahrtskirche „Maria Himmelfahrt“ in den siebziger Jahren des 18. Jahrhunderts. Schaulustige zieht es eher in den Marbacher Weg. Vielleicht ist Helmut Kohl ja daheim.
Nomen est omen: Frankenthal hat sich aus einem fränkischen Fischerdörfchen entwickelt. 1577 erhielt es die Stadtrechte. Heute gehört die Industriestadt mit dem großen Nachbarn Ludwigshafen zu den bevorzugten Orten, wo viele Pfälzer „schaffe“ gehen. Das galt auch für frühere Zeiten: Erst kamen die Weber und Tuchmacher, dann entstand um die Wende vom 15. zum 16. Jahrhundert eine bemerkenswerte Malerkolonie. Mehr noch: Die Frankenthaler Porzellanmanufaktur hatte von 1755 an für gut 40 Jahre den Ruf, den Meißen heute besitzt. Es lohnt, in das Innere der Stadt vorzudringen. Das Augustiner-Chorherrenstift, die Dreifaltigkeits- und die Zwölf-Apostel-Kirche: Sehenswürdigkeiten umgeben den von Platanen beschatteten Rathausplatz.

Der Rathausplatz bildet den Kristallisationspunkt Frankenthaler Sehenswürdigkeiten mit dem ehemaligen Augustiner-Chorherrenstift, der Zwölf-Apostel- und der Dreifaltigkeitskirche. Letztere entstand zwischen 1709 und 1732 für gerade einmal 300 Seelen, brannte 1943 aus und wurde nach dem Krieg mit Volutengiebel wieder aufgebaut.

Speyer, die Dom- und Kaiserstadt am Rhein, kann auf eine stolze, gleichwohl wechselvolle 2000jährige Vergangenheit zurückblicken. Kelten, römische Soldaten, Kriege, Revolutionen, weltliche wie geistliche Herrscher, vor allem aber der Bürgerwille haben das Gesicht der Stadt geprägt. Weithin sichtbares Wahrzeichen ist der Kaiserdom, eines der bedeutendsten und größten romanischen Bauwerke Deutschlands. Die Krypta der „Hauskirche" der salischen Kaiser – die Grundsteinlegung durch Konrad II. erfolgte um 1030 – dient als Grablege für acht deutsche Kaiser und Könige. Heute nimmt die Stadt, die sich in den vergangenen 15 Jahren zu einer strahlenden Schönheit herausgeputzt hat, die Stellung eines leistungsfähigen Mittelzentrums im Rhein-Neckar-Raum ein.

WALZMÜHLE

Der Rhein trennt Ludwigshafen von Mannheim und Rheinland-Pfalz von Baden-Württemberg. Fünf Hafenbecken nehmen in Ludwigshafen den regen Schiffsverkehr auf. Umgeschlagen werden hier Kohle aus dem Saarland, Sand und Kies vom Oberrhein, Erdölprodukte aus aller Welt – jährlich mehr als acht Millionen Tonnen. Die Rheinnähe bewog viele namhafte Unternehmer, sich mit ihren Firmen in und um Ludwigshafen anzusiedeln. Die Geschichte der Chemie-Stadt ist jung: Sie entwickelte sich 1804 aus einem Brückenkopf, der 1606 errichteten „Rheinschanze", zur Feste Friedrichsburg in Mannheim. 1843 ging die „Rheinschanze" in bayerischen Besitz über. König Ludwig I. gab der Ansiedlung seinen Namen – Ludwigshafen.

Dieser Blick macht süchtig: nach Süden und Osten auf die bewaldeten Höhenrücken über den Weinbergen, auf die Madenburg, die Rheinebene zu Füßen, die einstige Reichsfeste Neukastell im Rücken – eine friedliche Landschaft mit weichen Konturen. Besonders schön ist sie an einem Spätsommertag bei untergehender Sonne. Max Slevogt (1868–1932), der große deutsche Impressionist, hat diese Aussicht geliebt – und gemalt, mehrere Dutzend Male, zu jeder Jahreszeit, jeder Tages- und manchmal auch Nachtzeit. Im Sommer zur Kirschernte, bei aufziehendem Gewitter, im Herbst zur Weinernte, im Winter im schneebedeckten, weißen Kleid, während der Obstblüte im Frühjahr: Großartige Landschaftsbilder sind hier entstanden. Es mag verwundern, daß der weitgereiste Max Slevogt in diesem regional begrenzten landschaftlichen Umfeld genügend Motive fand, die ihn immer wieder zu Bildern inspirierten. Faszinierend ist es, wie er mit seiner stürmischen Malweise die erlebten Eindrücke spontan in Farbe umsetzte. Hier oben, auf Slevogts Anwesen, das Neukastell heißt und dennoch alle Slevogthof nennen, kommt man dem Impressionisten auf die Spur. Die Standorte, von denen aus die Bilder gemalt wurden, verändern sich häufig nur um wenige Schritte oder eine winzige Drehung.

Die Führung durch Slevogts Anwesen gerät zum Wechselbad der Gefühle. Da ist dieses grandiose Musikzimmer mit Szenen aus Mozarts Zauberflöte und Don Giovanni sowie Wagners Siegfried an den Wänden, doch Risse gehen durch diese Wandgemälde. Risse, die in der Vergangenheit unfachmännisch gekittet worden sind. Restauratoren treibt es Tränen in die Augen. Slevogt wurde damals bei der Instandsetzung des Anwesens „übers Ohr" gehauen, erzählen die Nachfahren, in deren Händen das Schicksal von Neukastell heute liegt. Zement sei beim Bau damals kaum verwendet worden. Lediglich zur Kostenabrechnung hätten die Maurer leere Zementsäcke aus dem Dorf zum Hof hinauf geholt. Auch wenn der Slevogthof unter seinen heutigen Besitzern alles andere als einen taufrischen, gepflegten Eindruck erweckt, so ist das vielleicht auch seine Stärke: Man hat das Gefühl, der Maler hätte nur kurz den Raum verlassen. Seine Bücher und die berühmten Lederstrumpf-Illustrationen jedenfalls sind noch da. Fast drängt sich ein schlechtes Gewissen auf: So in die Privatsphäre des Wahlpfälzers Slevogt einzudringen – lieber einen Blick in den Garten werfen. Da steht sie, die Weinlaube, ein Motiv, das Slevogt immer wieder aufgriff und heute tausendfach reproduziert in Wohnzimmern hängt.

In seinem Musikzimmer hat Max Slevogt 1924 ein Meisterwerk geschaffen. Die Pinselstriche an den Wänden und der Decke scheinen zu fließen. Das Mobiliar, der große Flügel, alles ist im Originalzustand erhalten.

Gefühlstrunken vom Farbenzauber des Künstlers und der uns umgebenden Natur steigen wir ins Dorf nach Leinsweiler hinab. Zeit zu schauen – auf die roten Sandsteinarkaden des Rathauses, Brunnen und das gepflegte Fachwerk – bleibt genug. Denn sobald in diesen engen Gassen ein Linienbus versucht, einen Reisebus zu passieren, geht es minutenlang weder vor noch zurück.

Leinsweiler ist typisch für die Dörfer an der Südlichen Weinstraße: sauber und gepflegt, scheinbar ständig sonntäglich herausgeputzt. Die Weinstraße beginnt zwar in Schweigen, dennoch sollte Wissembourg, das „Klein-Straßburg" einen Steinwurf jenseits der Grenze zum Elsaß, nicht verschwiegen werden, denn die südlichsten Weinberge der Pfalz sind nur von französischem Boden aus zu bewirtschaften. Ein wenig protzig wirkt es schon, das Weintor in Schweigen, Wahrzeichen der Deutschen Weinstraße. Die Proportionen dieses 1936 errichteten, monumentalen Bruchsteinbaus stimmen einfach nicht mit den Proportionen der Landschaft und des Dorfes überein. Aber es herrschten damals andere, unselige Zeiten an diesem „Saumpfad der Seligkeit", der heute soviel Heiterkeit und Sympathie ausstrahlt. Bergauf, bergab, im Taumel der Landschaft schlängelt sich die Weinstraße Richtung Norden. Doch schon hinter Oberotterbach sollte man die Weinstraßenorientierungshilfe – eine stilisierte schwarze Traube auf gelbem Grund – ignorieren. Bergaufwärts geht es, und oben bei den Kastanienwäldern, ein wenig abseits des Weinstraßen-Tourismus, öffnet sich ein altes, gewachsenes Winzerdorf, Dörrenbach. Blickfänge zuhauf: eine spätgotische Wehrkirche und gut erhaltene Fachwerkhäuser mit seitlich überdachten Freitreppen. Das wohl schönste dieser Art ist das Rathaus, ein Renaissance-Juwel aus dem Jahr 1590. Ohne Zweifel darf sich Dörrenbach mit einigen anderen Dörfern in der Pfalz darum streiten, am schönsten zu sein.

Auch der kulturelle wie wirtschaftliche Mittelpunkt der Südpfalz liegt einige Kilometer abseits der Weinstraße. Durch die Eingemeindung von Arzheim, Godramstein, Wollmesheim, Mörzheim, Nußdorf und Dammheim ist Landau die Gemeinde mit der zweitgrößten Rebfläche der Pfalz geworden. Das Zentrum der Stadt zu bestimmen fällt nicht schwer. Um den Rathausplatz, der als „Paradeplatz" an die Zeit unter französischer Regierung erinnert, gruppiert sich alles, was sehenswert ist und 700 Jahre kriegerische Stadtgeschichte überstanden hat: das Böckingsche Haus, ein klassizistisch erbautes Patrizierhaus, das im Mittelalter gegründete Städtische Kaufhaus, die Katharinenkapelle oder das Frank-Loebsches-Haus.

Das 1936 von August Joseph Peter errichtete Deutsche Weintor in Schweigen markiert den Anfangspunkt oder – aus Bockenheimer Sicht – den Endpunkt der Deutschen Weinstraße. Der monumentale Bruchsteinbau entstand in Rekordzeit: erster Spatenstich im August, Einweihung im Oktober.

Prunkstück dieses klassizistischen Vierflügelbaus ist der von Holzgalerien eingefaßte Innenhof. Im Südosten Landaus prägen Tabakschuppen die Ortsbilder, wie etwa in Herxheimweyher. Seine Blüte erlebte der Tabak vor etwa hundert Jahren. 200 000 Pflanzer waren damals mit dem Anbau auf 20 000 Hektar – das ist beinahe die derzeitige Rebfläche der Pfalz – beschäftigt. Heute sind die Maßstäbe geringer, aber nicht unbedeutend. Denn immer noch schafft der Tabakanbau in der Hauptarbeitszeit von Juli bis Dezember trotz Mechanisierung bis zu vier Arbeitsplätze pro Hektar. 550 Betriebe – 80 Prozent davon im Haupterwerb – teilen sich 1000 Hektar Anbaufläche.

Moderne Skulpturen am Autobahnrand? Mitnichten. Viele Schätze kommen aus der Pfälzer Erde, auch Erdöl. 190mal wurde rund um Landau nach Erdöl gebohrt, 135mal wurde man fündig. Mitte der achtziger Jahre förderten 100 Pumpen rund 60 000 Tonnen Rohöl per anno an die Erdoberfläche. Damit ist das Landauer Feld das bedeutendste im süddeutschen Raum.

Zurück zur Weinstraße: In Siebeldingen verändern sich die landschaftlichen Konturen. Eine klare Abgrenzung – hier Pfälzerwald, dort Rheinebene – läßt sich am Austritt der Queich aus dem Wasgau schwer ausmachen, ist doch dieses alte Dorf am Fuß der Großen Kalmit von Rebhügeln und Buckeln umgeben. Der höher gelegene, älteste Teil des Ortes, mit dem Charakter eines typischen Haufendorfes, duckt sich um die Kirche mit ihrem windverdrehten Turm. Südlich davon sind gleich einem Straßendorf die Gehöfte entlang der Weinstraße aufgereiht. Eines davon ist das Weingut Ökonomierat Rebholz, zusammen mit Wehrheim im Nachbardorf Birkweiler ein Vorreiter im südpfälzischen Qualitätsweinbau. Verläßt man das Weingut durch das Hintertor an der Queich, ist der Geilweiler Hof, die Bundesforschungsanstalt für Rebenzüchtung, nur wenige Schritte entfernt. Flankiert wird dieser Weg hinauf von einer Mandelbaumallee. Hier wird zum Wohle der Winzerschaft geforscht und gezüchtet. Eine hohe Resistenz gegen Schädlinge sollen sie haben, die Weine von morgen, dem harten Winterfrost und der Trockenheit trotzend. Sie heißen Staufer oder Sirius, manchmal sind sie auch noch namenlos: Gf.Ga-52-42. Vier Rebsorten haben von hier aus den langen Weg in die Weingläser gefunden: Morio-Muskat, Bacchus, Domina und Optima.

Mit Rhodt, das den Zusatz „unter Rietburg“ zu Recht trägt, erreicht die Weinstraße wohl einen der malerischsten Pfälzer Weinorte. Torbogen reiht sich an Torbogen als Zeugnis einer langen familienbäuerlichen Weinbautradition. Hofidyllen gibt es hier gleich dutzendfach: ausladende Gehöfte mit mächtigen Pforten, die selbst vollgeladenen Heuwagen die Einfahrt gewähren würden, aber nur selten offenstehen und einen Blick ins Innerste ermöglichen. Rhodt hat Glück gehabt in der Geschichte. Als die Nachbardörfer im Erbfolgekrieg auf Geheiß des Sonnenkönigs dem Erdboden gleichgemacht wurden, gehörte das Dorf nicht zur Pfalz. Der markgräflich baden-durlachsche Besitz war die beste Lebensversicherung. Gegenüber der Gebietswinzergenossenschaft, an der Straße nach Edesheim, liegt Deutschlands ältester Weinberg. Kenner vermuten sogar, daß hier die ältesten noch tragenden Rebstöcke der Welt stehen. Der Ertrag des 350 Jahre alten Traminer-Wingerts ist freilich bescheiden. Rhodts Schmuckstück ist die Theresienstraße. Hier reihen sich zumeist aus Stein gebaute Winzerhäuser aus dem 16. bis 19. Jahrhundert aneinander. Je höher die Hausnummern, desto prachtvoller wird die gepflasterte Straße, die im oberen Teil in eine Roßkastanienallee übergeht und im Sommer ein willkommener Schattenspender ist. Entlang der Hauswände ranken die Reben, reifen Feigen, blüht üppiger Oleander. Das letzte Haus der Theresienstraße gibt den Blick frei auf das Schloß „Villa Ludwigshöhe“. Bayern-König Ludwig I. ließ es sich in seiner „schönsten Quadratmeile des Reiches“ bauen, gelegen über den Weinbergen inmitten von Kastanienwäldern. Vorbild seiner Sommerresidenz waren die italienischen Villen im spätklassizistischen Stil. Ludwigs Schönheitssinn und seine Liebe zu südlicher Sonne schufen eine zartgelbe, architektonische Kostbarkeit, lebendig mit der heiteren Landschaft verbunden. Blickfang ist der talseitig liegende, säulengestützte Ostteil dieses Vierflügelbaus, der an altrömische Portikusvillen erinnert. Hier ist alles klar und schön, geradezu von mediterraner, toskanischer Rationalität geprägt: eine Landschaft, die das Herz erfreut. Landidyllen im Stil der Renaissance und des Barock gibt es beispielsweise in Weyher und Burrweiler, Gleisweiler und Hainfeld. Über Edenkoben und das ehemalige Zisterzienser-Kloster Heilsbruck mit einem der größten Holzfaß-Weinkeller der Pfalz gelangt man ins schmucke St. Martin. Die Bürger dieses Ortes pflegen sichtbar ihre Idylle: Torbögen, Erker, Portale mit Schlußsteinen und die ungezählten Wohnhäuser mit Heiligennischen sind wohlerhalten. Der fast lebensgroße steinerne Namenspatron schaut vom Gesims der Mauer herab, die den Kirchplatz zum Hang hin umgibt.

Zwei Jahre nach Beginn der bayerischen Herrschaft erfolgte 1818 die Erhebung der Gemeinde Edenkoben zur Stadt. Der Aufschwung ließ nicht lange auf sich warten, zumal die 1855 eröffnete Eisenbahn und die seit 1913 betriebene Oberlandbahn „die Schneck“ den Einkauf erleichterten. Für die Damenwelt gehörte es sich, daß man zu Einkauf und Kaffee nach Mannheim fuhr.

Die freundlichste Idylle, die anmutendste Romantik ist hier vereint geboten", schrieb August Becker beim Anblick der Nikolauskapelle und Burgruine Landeck bei Klingenmünster. „Einer der Glanzpunkte der Pfalz." Errichtet wurde die Nikolauskapelle, Zeugnis staufischer Baukunst, zwischen 1215 und 1225. Die barocke Zwiebelhaube kam erst später hinzu. Steil ist der Weg hinauf zur Burg Landeck, die über dem Klingbachtal thront. Von der um 1200 errichteten Feste, die den Bauern- und den Dreißigjährigen Krieg überstand und erst im Pfälzischen Erbfolgekrieg 1689 zerstört wurde, sind der 23 Meter hohe, zinnengekrönte Bergfried sowie große Teile der Schildmauer erhalten.

Die Tabakernte in der Pfalz erfolgt blattweise in der Zeit von Juli bis September. Das sich anschließende Einnähen und Trocknen in den zwischen Speyer und Herxheim landschaftsprägenden Speichern bereitet den rund 550 Familienbetrieben die meiste Arbeit. Hohe Sachkenntnis ist für die Beurteilung des Reifegrades von Geudertheimer, Burley und Virgin erforderlich. Denn: Farbton, Glimmfähigkeit und der Nikotingehalt werden vom Erntezeitpunkt bestimmt. Rund 5000 Arbeiter finden in dieser Zeit auf 1000 Hektar Anbaufläche Lohn und Brot.

Der Slevogthof oberhalb des fachwerk- wie torbogenreichen Leinsweiler ist mit seinem markanten, weißen Turm von der Rheinebene aus weithin sichtbar. Das nach dem deutschen Impressionisten benannte Anwesen war einst Meierhof der Reichsburg Neukastell. Max Slevogt erwarb den Gebäudekomplex 1914 von seinen Schwiegereltern und verbrachte hier die Sommermonate. Rund 150 Gemälde sind in dieser Zeit entstanden. Die von ihm geschaffenen Wand- und Deckengemälde im Musikzimmer und der Bibliothek zeigen Motive aus musikalischen wie literarischen Werken und sind besonders eindrucksvoll. Der Besucher dringt unvermittelt in die Privatsphäre des Impressionisten, taucht in Motive aus Mozarts Zauberflöte oder Wagners Ring ein: Näher kann man dem Maler kaum kommen.

Der erste Eindruck ist überwältigend: Die Sonne brennt vom Himmel, Oleander und Feigen an den Hauswänden gedeihen prächtig, mächtige Kastanien werfen lange Schatten. Die kopfsteingepflasterte Theresienstraße in Rhodt unter Rietburg gehört zum Prächtigsten, was die Südliche Weinstraße zu bieten hat. Torbogen reiht sich an Torbogen, schmucke, zumeist in Stein gebaute Winzerhäuser aus vier Jahrhunderten sind samt Schlußsteinen liebevoll restauriert und sonntäglich herausgeputzt. Das Ortsausgangsschild gibt den Blick frei auf den Haardtrand samt Rietburg und Schloß Ludwigshöhe.

Ein König und die Liebe zu einer Landschaft: Im „mildesten Teile“ und der „schönsten Quadratmeile“ seines Reichs ließ sich Bayern-König Ludwig I. ab 1845 nach den Plänen Friedrich von Gärtners seinen Sommersitz „italienischer Art“ errichten: Schloß Ludwigshöhe oberhalb von Edenkoben. Nach Gärtners Tod vollendete Leo von Klenze das Bauwerk, eine Reminiszenz an altrömische Villen. 1852 hielt Ludwig mit Gemahlin Therese erstmals Einzug in das Schloß auf seiner „Höhe“. König war er da nicht mehr. Die Sommerresidenz der Wittelsbacher wurde 1975 vom Land Rheinland-Pfalz erworben und restauriert. Die repräsentativen Räume sind mit historischen Möbeln und Gemälden ausgestattet, der pompejanisch ausgemalte Speisesaal wird als Konzertsaal genutzt. Für den Nachlaß des Impressionisten Max Slevogt – 121 Gemälde, darunter viele Schlüsselwerke – hat das Land hier einen würdigen, für jedermann zugänglichen Rahmen gefunden: eine Augenfreude.

Der geballte Weinfachverstand ist hier beheimatet: das Weinbauamt der Landwirtschaftskammer, der Weinbauverband Pfalz, die Gebietsweinwerbung, die mitgliederstarke Weinbruderschaft, die Landes-Lehr- und Forschungsanstalt für Weinbau. Ohne Zweifel, Neustadt an der Weinstraße ist der Mittelpunkt des Pfälzer Weins. Neustadt ist auch die größte weinbautreibende Kommune des Landes. Rund 2300 Hektar stehen dort unter Ertrag. Das ist soviel wie die Anbaugebiete Ahr, Mittelrhein, Sachsen, Saale-Unstrut und Hessische Bergstraße zusammen. Kein Wunder also, daß die Deutsche Weinkönigin alljährlich hier gewählt wird, zu Winzers Erntedank im Herbst als Höhepunkt des Deutschen Weinlesefestes. Eine Miß-Wahl ist die Veranstaltung im Saalbau nicht, Maße und Haarfarbe spielen keine Rolle. Winzerstochter soll sie im Idealfall sein, die Tätigkeit als Angestellte in einer Winzergenossenschaft tut es notfalls auch. Vor allem aber: Ohne Weinwissen geht gar nichts. Daraufhin werden die Kandidatinnen aus den 13 deutschen Weinanbaugebieten einen Nachmittag lang von einer Fach-Jury geprüft. Nach ihrer Kür und dem Festumzug in Neustadt reist die Deutsche Weinkönigin ein Jahr lang als Botschafterin des deutschen Weins um die Erde.

Den Namen Neustadt muß sich die Pfälzer Gemeinde gleich mit drei Dutzend anderen Städten im Land teilen. Doch nur in Neustadt an der Weinstraße gibt es die „Elwedritsche", die Fabelwesen der Pfalz schlechthin. Sogar einen eigenen Brunnen hat man ihnen gebaut. Gesehen hat diesen Pfälzer Spottvogel in freier Wildbahn, zumindest im nüchternen Zustand, noch niemand. Doch sie treten stets in der Mehrzahl auf, und jeder weiß, wie sie aussehen: Sie besitzen Hahnenkronen und prachtvoll geschlagene Pfauenräder, laufen auf vier Beinen und haben Entenfüße mit feinen Schwimmhäuten durchzogen.

Es gibt sie also, die „Elwedritsche", und es gibt sie auch wieder nicht: reine Glaubenssache.

Gotische, romanische, klassizistische und integrierte neuzeitliche Bauten wechseln im Zentrum einander ab; Straßen verschmälern sich unerwartet zu romantischen Gassen und münden immer wieder in Ausblicke auf das Wahrzeichen der Stadt, die aus rotem Sandstein erbaute Stiftskirche: ein architektonisches Kuriosum innen wie außen. Innen trennt eine dicke Mauer die Protestanten im Langhaus von den Katholiken im Chor. Die Mauer dieser Kirche – als Grabkirche der Pfälzer Kurfürsten ab 1368 erbaut, als Simultankirche seit 1708 genutzt – ist umstritten. Außen ragen zwei unterschiedlich bekrönte Türme in den azurblauen Himmel: Während die Spitze der einen Turmhaube scharf wie eine Lanze in den Himmel sticht, erinnert die barocke Laterne des Südturms eher an eine Schutzpickelhaube von anno dazumal. Direkt darunter ist die Wohnung des Türmers. Über Generationen hinweg wurde sie von der Familie Hayn bewohnt, deren männliche Nachfahren das Amt des Türmers versahen. Heute stehen die Räumlichkeiten mit unverbaubarem Stadtblick meistens leer. Die Sicht auf das Rathaus, den Marktplatz mit den Obstbauern und Gemüsehändlern belohnt für den mühsamen Aufstieg; sie zeigt vor allem, daß Neustadt in seiner Geschichte kaum Verluste durch Zerstörungen und Krieg hinnehmen mußte. Spanische Truppen waren 1622 hier, neun Jahre später standen die Schweden ante portas. Keine Eroberer jedoch waren so beständig wie die Franzosen. Sie kamen 1644 zum ersten Mal, erneuerten ihre Ansprüche während des Pfälzischen Erbfolgekrieges 1688, blieben abermals bis 1697 und besetzten Neustadt sechs Jahre später für ein weiteres Jahrzehnt.

Die Hauptstadt des deutschen Weins hat sich herausgeputzt. Neue Fußgängerzonen sind entstanden, überall wird gewerkelt, mit Liebe zum Detail restauriert: im Casimirianum beispielsweise, einem dreigeschossigen Renaissancebau, erbaut 1579 durch den Pfalzgrafen Johann Casimir während einer Blütezeit der Stadt. Das Gebäude diente als Exil-Universität für die Reformierten, denen die Universität Heidelberg verschlossen war. Vier Jahre lang wurden die Studenten an der Gegenuniversität in Jura und Medizin, Theologie und Philosophie unterwiesen.

Das „Geburtsdatum" von Neustadt liegt im Ungewissen. Belegbar ist dieses: Im Jahr 1255 erschien „Niewenstat" als Mitglied des Rheinischen Städtebundes, Rudolf von Habsburg verlieh der Siedlung 20 Jahre später die Stadtrechte. Historischer Ursprung der heute gut 50 000 Einwohner zählenden Bezirkshauptstadt von Rheinhessen-Pfalz ist das bereits 774 erstmals erwähnte Dorf Winzingen.

Zu dem, was Neustadt in punkto Größe, Rebfläche und Einwohnerzahl heute ist, wurde es erst Ende der sechziger Jahre.

Jeder Pfälzer kennt sie, die meisten waren nach ihnen schon auf der Jagd, gefangen hat die Elwedritsche bislang aber niemand. Doch den Beweis, daß es sie nicht gibt, hat wiederum auch noch keiner angetreten. In Neustadt hat man ihnen daher einen Brunnen gewidmet, der die Phantasie beflügelt: ein Fabel- wie Flügelwesen mit vier Entenfüßen und Pfauenrad (oben links).

Zu Winzers Erntedank im Herbst wird Neustadt zur Krönungshochburg: Mit der Wahl der Pfälzer und der Deutschen Weinkönigin werden während des Deutschen Weinlesefests gleich zwei Botschafterinnen gekürt: Die Repräsentantin der Winzer ist heute mehr als eine nur charmant lächelnde Dame mit Dirndl und Krone. Fachkompetenz und Natürlichkeit sind im Amte gefragt.

Gleich neun Dörfer, viele klangvolle Namen in der Welt des Weins, sind wie Perlen an einer Kette nebeneinander aufgereiht: Diedesfeld und Hambach, Haardt und Gimmeldingen, Mußbach und Königsbach. Lediglich Lachen-Speyerdorf, Duttweiler und Geinsheim liegen ein wenig ab vom Schuß, mitten in der Oberrheinischen Tiefebene. In Geinsheim beispielsweise hat die Monokultur Wein schon erste Konkurrenz bekommen. Tabakfelder bestimmen zunehmend das Bild. Eines jedoch ist allen Ortsteilen von Neustadt gemeinsam: Ihren dörflichen Charakter haben sie sich bewahrt, die gepflegten Ortsbilder bestechen. Die malerischsten liegen an den Hängen des Haardtrandes.

Nach Haardt fährt man wegen des schönen Ausblicks, nach Gimmeldingen wegen der Mandelbäume. Mit Königen bräuchten die Wingertsleute nicht zu tauschen, schrieb August Becker, der „Vater der Pfälzer Volkskunde“ über den Blick vom Ortsteil Haardt aus in die Rheinebene. „Balkon der Pfalz“ wird der Ausblick von der Dr.-Welsch-Terrasse am südlichen Ortsrand genannt. Gimmeldingen liegt einen Steinwurf von hier entfernt und ist vor allem in der zweiten Märzhälfte eine Pracht. Es ist das Dorf der Mandelblüte. Hunderte von Bäumen stehen hier in weitläufigen Hainen und säumen die Straßen nach Neustadt und Königsbach. Zu den bekanntesten Weinlagen der Pfalz zählt die hier heimische „Meerspinne“. Welche Assoziationen damit auch immer geweckt werden, diese sicherlich nicht: Der ursprüngliche Name lautet „Meerswünne“, ein Kompositum aus dem mittelhochdeutschen Wort „mer“ für Wasserloch und „wünne“ für Weideland. Zudem liegen als „Kronzeugen“ in unmittelbarer Nähe die Fluren Rohrgasse und Teichwiese, deren Namen diese Interpretation stützen. Nicht minder exotisch klingt die Weinbergslage „Eselshaut“ bei Mußbach. Wahrscheinlich ist diese Deutung: Das Wort Haut stammt vom mittelhochdeutschen Wort „höuwet“ für Heuernte ab und könnte eine Wiese bezeichnen. Lasttiere haben das Heu dann fortgetragen. An Mußbach selbst führt kein Weg vorbei: Der gesamte Weinstraßenverkehr zwischen Bad Dürkheim und Neustadt muß sich durch dieses Nadelöhr im Einbahnstraßensystem zwängen. Als Weinort wurde Mußbach schon zur Zeit Karls des Großen genannt. Der Templerorden war hier, die Johanniter auch. Diese haben eindrucksvolle Spuren hinterlassen: die Johanniterkirche aus der zweiten Hälfte des 14. Jahrhunderts etwa, die seit 1707 als simultane Pfarrkirche genutzt wird, oder aber den Herrenhof. Bis zum Ende des 18. Jahrhunderts gehörte er dem Orden. Heute noch erhalten: ein Treppenturm mit prächtigem Renaissance-Portal als Rest eines Schaffnereigebäudes. Jetzt ist der Herrenhof in Landesbesitz, restauriert und mit großzügigen, repräsentativen Räumlichkeiten versehen.

Beeindruckend wirkt das Hambacher Schloß von der Rheinebene aus betrachtet. Geschichtsbuchwissen wird hier in einer Dauerausstellung des Landes zum Hambacher Fest von 1832 vermittelt. Was viele vergessen: Die Geschichte der Befestigungsanlage über dem Ortsteil Hambach ist natürlich weitaus älter. Um das Jahr 1000 herum wurde sie als Reichsfeste von den Salier-Kaisern erbaut und kam zu Beginn des 12. Jahrhunderts zum Domstift Speyer. Auch die Bischöfe genossen den herrlichen Ausblick und machten die Feste zu ihrem Sommersitz. „Kestenburg“ (Kastanienburg) hieß das Hambacher Schloß früher wegen der weitläufigen Kastanienwälder in der Umgebung. Erst mit dem Protestmarsch von 1832 kam das Hambacher Schloß zu seinem neuen Namen. Rund 30 000 Menschen, darunter einige hundert Winzer, zogen unter der (verbotenen) schwarz-rot-goldenen Fahne zum Schloß hinauf, um für bürgerliche Freiheit und Demokratie zu demonstrieren. Zehn Jahre später wurde es verscherbelt. Der bayerische Kronprinz Maximilian bekam es als Hochzeitsgeschenk. So wurde das Schloß zur „Maxburg“. Heute sind von der alten Burg noch Ringmauer und Türme sowie die westliche Schildmauer erhalten. Der größere Teil des jetzigen, im Stil eines venezianischen Palazzos erneuerten Schlosses entstand erst in diesem Jahrhundert. Anfang der achtziger Jahre wurde die „Wiege der Demokratie“ nachhaltig auf Vordermann gebracht. Schön ist sie geworden. Fast zu schön – leider, denn sie ist beinahe ein „Neubau“.

„Es gibt nicht leicht eine Stadt, die für Freunde und Besucher von Naturschönheiten günstiger gelegen wäre als Neustadt“, schrieb der Volkskundler August Becker Mitte des vergangenen Jahrhunderts. Er attestierte der Stadt mit ihren Weinbergen, Wäldern, Landsitzen und Burgen eine „reizende Mannigfaltigkeit“.

Neustadt, die größte weinbautreibende Gemeinde Deutschlands, bildet nicht nur den geographischen Mittelpunkt der Deutschen Weinstraße. Alle, die beim Wohl und Wehe des Pfälzer Weinbaus ein Wort mitreden, haben hier ihren Sitz. Verdursten muß in der Hauptstadt des Weins niemand. Wer jedoch den Blick über den Glasrand hebt, ist beim Rundgang durch die heimelige Altstadt überrascht: Straßen verschmälern sich zu Gassen, Fachwerk und Sandstein, gotische, romanische, mittelalterliche und klassizistische Bauten schaffen reizvolle Kontraste wie hier in der Hintergasse.

Gerberhaus
Bischoff-Bier
Bischoff
PREMIUM
Pelgen's
KARLSBERG
UR-PILS

Hohen Genuß bietet die paradiesische Landschaft, in der die Neustadter wohnen, man mag sich wenden, wohin man will." August Becker wandte sich steil bergan nach Norden in den Ortsteil Haardt. Vom „Balkon der Pfalz" aus führt der Blick über üppig blühende Gärten und gepflegte Häuser hinweg in die Rheinebene bis hin zum Odenwald und Schwarzwald. Nicht weniger reizvoll: die Kontraste zwischen Wein, Wald und Architektur.

Es ist Angelegenheit der Historiker, wie die Geschichtsschreibung eines Tages über sie urteilen wird, doch ein Platz im Paradiesgarten ist Michail Gorbatschow, Boris Jelzin, Richard von Weizsäcker und Helmut Kohl bereits sicher. Wohnen jedoch können sie in ihrem Paradiesgarten nicht. Denn der befindet sich in Deidesheim und ist ein Weinberg. Auf einigen hundert Quadratmetern dieser 50 Hektar großen Lage hat der Ort einen Prominentenweinberg angelegt. Ärzte haben dort Rebstöcke gepachtet, Universitätsprofessoren und Künstler ebenso. „Den jährlichen Pachtzins setzt der Pächter nach seinen Möglichkeiten als Zeichen der Verbundenheit selbst fest", heißt es in der Pachturkunde. Nur: Er darf den Wert von drei Logel Most nicht unterschreiten. Dafür gibt es jährlich eine Flasche Wein aus dem Ertrag des Stockes und das gute Gewissen, gleichzeitig etwas zur Förderung des Museums für Weinkultur getan zu haben. Es ist im alten Rathaus am Marktplatz, wohl einem der prächtigsten der Pfalz, untergebracht. Hier stehen die katholische Pfarrkirche St. Ulrich, der einzige erhaltene größere Kirchenbau des mittleren 15. Jahrhunderts im pfälzischen Raum, die „Kanne", einer der ältesten Gasthöfe Deutschlands, und das ehemalige Gutshaus von 1702, der Deidesheimer Hof, im Neorenaissance-Stil. Hier wird alljährlich auch am Pfingstdienstag ein alter Brauch gefeiert, die Geißbockversteigerung. Das jüngst getraute Ehepaar macht sich am frühen Morgen aus dem zwölf Kilometer entfernten Lambrecht im Pfälzerwald auf den Weg nach Deidesheim, um dort einen Geißbock auf dem Marktplatz abzuliefern. Es ist eine uralte Bringschuld der Lambrechter, die seit beinahe 600 Jahren besteht. Das kam so: Anno 1404 wurden die Lambrechter Weiderechte im Deidesheimer Wald neu geregelt. Weil die Deidesheimer damals nichts zu verschenken hatten, ließen sie sich das Weiderecht in Naturalien bezahlen. Seither kommt am Dienstag nach Pfingsten ein Geißbock in die Stadt – und mit ihm kommen eine Menge Schaulustige. Außer im Jahr 1851: Damals verweigerten die Bürger die Annahme des allzu schmächtig geratenen Bocks. Man traf sich vor Gericht. Ehrlicherweise sei hinzugefügt: Heute befördert ein Auto den zumeist recht störrischen Gesellen bis an die Stadtgrenze.

Deidesheim hat Atmosphäre, einen Hauch von Nobilität. Weinlagen von Weltruf tragen dazu bei, ebenso Weingüter, die zu den Aushängeschildern der Region gehören, Koch-Artisten rund um den Marktplatz, markante Patrizierhäuser, gediegenes Fachwerk sowie wohlerhaltene Elemente aus Renaissance und Barock. Erker sitzen über scharfen Hauskanten, Sandsteintreppen – wie die am Deidesheimer Rathaus – führen nach zwei Seiten in die schmal gewundene Hauptstraße, die natürlich Weinstraße heißt, oder in eine ihrer reizvollen Nebengassen mit mediterranem Flair. Der Weinadel ist hier zu Hause, stellt seinen Reichtum aber nicht protzend zur Schau. Er liegt unter der Erde in den oftmals kilometerlangen Weinkellern: gärender Riesling-Reichtum. Ob Reichsrat von Buhl, Deinhard oder Bassermann-Jordan: Es sind allesamt klangvolle Namen, die immer eng verknüpft waren mit höchsten Ämtern in Weinbau und Politik.

Hinauf in die Weinberge. Für die Königsetappe der Deutschen Weinstraße – von Deidesheim nach Bad Dürkheim – ist das Auto das denkbar unangemessenste Fortbewegungsmittel. Durch Weinberglagen von Weltruf sind es keine 30 Minuten ins Riesling-Mekka Forst. Im Kirchenstück, dem wertvollsten Weinberg der Pfalz, wird ausschließlich der „König der Weißweine" angebaut. Auf dem vier Hektar tiefgründigen, schweren Boden gedeihen substantielle Weine mit nicht endender Fruchtfülle. Auffallend ist die Kessellage dieses Weinbergs im Schatten der Dorfkirche, die durch schützende Mäuerchen noch unterstrichen wird. Nicht weniger klangvoll sind der im Norden angrenzende Jesuitengarten sowie das Forster Ungeheuer. „Dieses Ungeheuer schmeckt mir ungeheuer", dichtete einst Otto von Bismarck (1815–1898). Was hat diesem kleinen Dorf zu seinem herausragenden Renommee verholfen? Hier geraten Top-Lagen in die Hände bedeutender Erzeuger aus Forst, Wachenheim und Deidesheim. „Zudem gleicht der nur hier vorkommende kaliumreiche Boden den nächtlichen Temperaturrückgang durch Speicherung der Tageswärme aus", sagt Winzer Kurt Müller, der aus der Lage „Kirchenstück" filigrane Riesling-Juwelen schürft. Die Kirchenstückgasse führt hinunter auf die Dorfstraße. Dort reihen sich Malerwinkel aneinander, die aufgeblüht sind, seit der Ort eine Umgehung hat. Viele der Fachwerk- und Sandsteinbauten aus dem 18. wie 19. Jahrhundert sind efeu- und rebenbewachsen. Aller Vorbild: das „Schlössel" mit seinem Renaissance-Treppenturm.

Über die Lage Pechstein ist auch Wachenheim bequem auf Schusters Rappen zu erreichen. Nach den französischen Verheerungen um 1689 ist der Ort im freund-

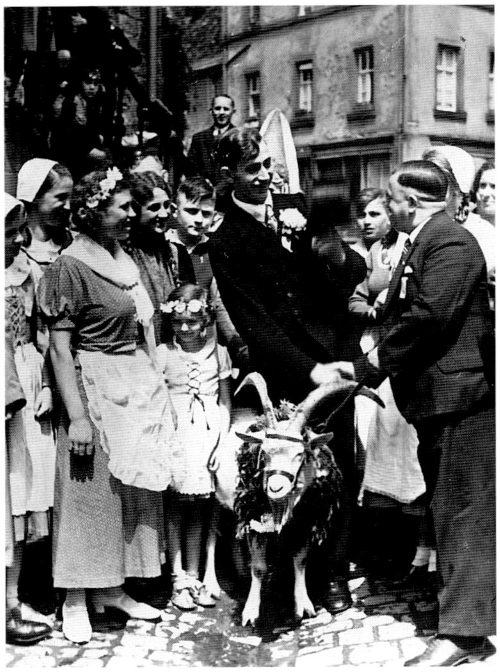

Das Ritual wiederholt sich an jedem Dienstag nach Pfingsten: Jenes Paar, das in Lambrecht zuletzt geheiratet hat, bringt als Obolus für Weiderechte einen Geißbock nach Deidesheim. Jeder kann sich ein Bild davon machen, ob der Bock „gut gehörnt und gebeutelt" ist, bevor er ab 17.45 Uhr versteigert wird. Ein Schauspiel, das schon Stunden vorher für Stimmung sorgt.

lichen Barockstil wiedererstanden. Geprägt wird er heute durch die Sektkellerei Schloß Wachenheim sowie die über den ganzen Ort verteilten Anlagen des Bürklin-Wolfschen Weingutes. Wie sehr sich das Auge mittlerweile an die flurbereinigten Weinberge gewöhnt hat, wird unterhalb der Wachtenburg deutlich. Hier stehen einige der wenigen noch nicht flurbereinigten Weinberge mit kleinen Parzellen und Hohlwegen, Sträuchern und Hecken. Wirtschaftlich ist das nicht, aber schön. Nach den Weinpatrizierdörfern der Mittelhaardt hat es Bad Dürkheim schwer, dem etwas Gleichwertiges entgegenzusetzen. Wer vor dem großen Weinfaß auf dem noch größeren Parkplatz strandet, findet zwar schnell den Zugang zum Kurviertel, schaut sich aber fragend nach dem Herzen der Stadt um. Denn es sind besonders die Außenbezirke, die „Derkum“ sehenswert machen und von großer Vergangenheit künden: Die Römer-Ausgrabungen am Ungsteiner Weilberg, die Hardenburg, das Kloster Limburg oder die ehemalige Benediktinerklosterkirche St. Laurentius in Seebach. Für Weinfreunde ist Bad Dürkheim zweimal im Jahr Pflicht: Im Frühjahr lockt die Pfälzer Weinmesse ein Fachpublikum, der traditionelle Wurstmarkt im Herbst zieht indes die Massen an. Dann bietet das Weingut Fitz-Ritter, einen Steinwurf von Wurstmarkt und Riesenfaß entfernt, eine Oase der Ruhe. Der prämierte Park darf sich „schönster Garten der Deutschen Weinstraße“ nennen. Konrad Fitz führt das Weingut – nebenbei auch noch die älteste Sektkellerei der Pfalz – im 1785 erbauten Gutshof bereits in der achten Generation. Einer seiner Vorfahren, der „rote Fitz“, war „Hauptdarsteller“ beim Hambacher Fest. Im Alleinbesitz ist die Lage Abtsfronhof mitten in der Stadt. Nach der Säkularisierung 1806 aus dem Besitz des Klosters Limburg ersteigert, gehört diese Lage heute zu Dürkheims beliebtestem Fotomotiv: Vom Abtsfronhof im Vordergrund leitet die langgestreckte Saline den Blick auf den Rebhügel mit der Michaeliskapelle im Hintergrund. Dort oben nahm auch der Wurstmarkt vor einem halben Jahrtausend seinen Anfang. Dürkheimer Bürger versorgten die Pilger jener Zeit mit Wein und Wurst.

Weinversteigerungen sind heute noch an der Mosel und im Rheingau fester Bestandteil der Vermarktungsstruktur. In der Pfalz hatten Versteigerungen bis zum Zweiten Weltkrieg Tradition. Weinkommissionäre, die Mittler zwischen Erzeuger und Vermarkter, ersteigerten zweimal im Jahr die Ernte der großen Weingüter.

Zwischen Bad Dürkheim und Grünstadt, der vorletzten Weinstraßen-Etappe, besteht die Qual der Wahl. Der mit dem Weinstraßenschild ausgewiesene Weg führt über Ungstein, Kallstadt, Herxheim am Berg und Kirchheim in die ehemalige Residenzstadt der Leininger. Der zweite Weg schlängelt sich durch das Rebenmeer den Haardtrand hinauf nach Leistadt, das sich „der Sonne am nächsten“ wähnt, nach Weisenheim und Bobenheim, die beide „am Berg“ liegen. Dies ist eine Alternative, die streng genommen gar keine ist, denn man sollte das eine tun und das andere nicht lassen. Der zweite Weg, im Volksmund die „kleine Weinstraße“ genannt, scheint wegen der Ausblicke in die Rheinebene reizvoller und gibt nach Bobenheim eine grandiose Sicht auf den „Adlerhorst“ Neuleiningen frei. Über die „offizielle“ Route geht es vorbei am Weiler Pfeffingen und Ungstein nach Kallstadt. Fachwerkhäuser aus drei Jahrhunderten mit behäbigen Mansarddächern säumen im Ort die Weinstraße. Den Blick auf den gotischen Chorturm des Dorfes gerichtet, fährt man an der rechtwinkligen, schmalen Abzweigung nach Freinsheim erst einmal vorbei. Das sollte nicht sein, denn Freinsheim, an der Sollbruchstelle zwischen Wein- und Obstanbau gelegen, ist die pfälzische Antwort auf Rothenburg ob der Tauber. 1471 hatte es Kurfürst Friedrich I. (1425–1475) seinem Besitz zugeschlagen. Damals entstand die Stadtmauer, und sie ist bis heute rundum erhalten: eine Stadtbefestigung mit Toren und Türmen, mit alten Adelshöfen und prächtigen Bürgerhäusern. Ein schönes Ensemble mit der evangelischen Kirche bildet das Rathaus, ein im 18. Jahrhundert errichteter Barockbau mit Mansarddach

und überdachter Freitreppe. Hermann Sinsheimer, dem Freinsheimer Schriftsteller, möchte man beipflichten: „Meine Heimat quillt über von Geschichte, Wein und Obst.“

Schon vor Grünstadt, das sich als Einkaufszentrum der auslaufenden Weinstraße präsentiert, ändert sich langsam das Landschaftsbild. Der Haardtrand zieht sich zurück, weicht dem rheinhessischen Hügelland. Die Dörfer wirken bäuerlicher, auch ärmer. In Bockenheim hat die Deutsche Weinstraße nach rund 80 Kilometern ihr Ziel erreicht – oder ist es ihr Ausgangspunkt? Dies bleibt Anschauungssache. Lange Zeit konnte man dem Weintor in Schweigen nichts entgegensetzen. Das ist vorbei: Mit dem Millionenprojekt „Weinstraßenhaus“, das die Weinstraße überspannt, ist eine neue Visitenkarte für die Region geschaffen worden.

1,7 Millionen Liter würde das größte Weinfaß der Welt in Bad Dürkheim fassen. Das reicht in etwa, um den Durst der Besucher des Wurstmarktes – „das größte Weinfest der Welt“ – für sieben Jahre zu stillen. Genutzt wird das Faß indes als Gaststätte.

Der Pfarrer Georg Friedrich Blaul fand in Deidesheim im vergangenen Jahrhundert genügend „angenehme Hindernisse, durch die man sich gerne aufhalten läßt“. Daran hat sich bis heute nichts geändert. Geißbock und Gorbatschow: Der eine wird jährlich am Pfingstdienstag vor dem historischen Rathaus (hier im Bild) versteigert, vom einmaligen Besuch des anderen erzählt man heute noch. Kanne und Kalkofen, Schwarzer Hahn und Mäushöhle: klangvolle Namen für Küche und Keller. Und die Kirche? St. Ulrich steht im Zentrum des Patrizierdorfes, grenzt mit dem Chor an den Marktplatz und glänzt mit einem spätgotischen Glasgemälde. Erker sitzen über scharfen Hauskanten, Sandsteintreppen führen oft nach zwei Seiten in die schmale Hauptstraße.

Die,
die ihre Reputation mit Forster Weinen begründeten und der kleinen Gemeinde zwischen Bad Dürkheim und Neustadt zu weltweitem Renommee verhalfen, sind in den Nachbarorten Deidesheim und Wachenheim ansässig: Bassermann-Jordan, Reichsrat von Buhl und Bürklin-Wolf. Wertvollster Weinberg der Pfalz ist das vier Hektar große Forster Kirchenstück. Auf tiefgründigen Böden wachsen in der durch Mauern verstärkten Kessellage substantielle Riesling-Juwelen heran. Große Weine gedeihen auch in den Lagen Jesuitengarten und Ungeheuer. Längst haben mit Weingütern wie Lucashof oder Eugen Müller auch ortsansässige Betriebe das Qualitätsniveau der drei Imageträger erreicht.

Forster Kirchenstück
Erbhof Wilhelm Spindler
kauft
Sontag Spindler
Bürger zu Forst
und Magdalena seine Hausfrau
vom Spithal zu Deidesheim
dreiviertel Morgen Weingart
im
Kirchenstück

Die zeitaufwendigste Arbeit des Winzers im Weinberg ist – trotz fortschreitender Mechanisierung – immer noch die Weinlese. Zwar setzen selbst renommierte Betriebe immer mehr auf den Vollernter – aber nur, um für die Handlese bei Spezialitäten mehr Zeit zu gewinnen. Erfreulich: Das Menge-Güte-Gesetz hat sich durchgesetzt. Kaum ein selbstvermarktender Winzer kann sich der Regel „geringerer Ertrag bedeutet höhere Qualität" verschließen. Auch bei den Genossenschaften werden die Mitglieder zu reduzierten Erträgen mittels Preisgestaltung erzogen. Dafür läßt sich im Laufe eines Jahres eine ganze Menge tun, wurzelt die Qualität doch am Rebstock: Das beginnt beim Rebschnitt im Winter, setzt sich bei den Laubarbeiten im Sommer fort und endet beim Ausdünnen der Trauben einige Wochen vor der Ernte.

B ad Dürkheim: Am zweiten und dritten Wochenende im September feiern zwischen Saline und Riesenfaß Tausende das größte Weinfest der Welt, den Wurstmarkt. Dann ist man rund um die Kapelle auf dem Michaelisberg beinahe für sich allein. Dabei hat hier vor über 700 Jahren mit einer Wallfahrt alles begonnen. Mit Schubkarren beförderten die Dürkheimer Winzer Wein und Wurst zur Speisung der Gläubigen auf den Berg. Heute heißen die Weinverkaufsstände auf dem Festplatz als Reminiszenz „Schubkärchler“, und zur Kapelle hinauf wandern die wenigsten der Weinpilger.

Die Voraussetzungen für den Weinbau sind nahezu ideal: die Hügelkette des Pfälzerwaldes als Regenschutz im Rücken, von oben Sonne satt (bis zu 1800 Stunden im Jahr), unter den Füßen mal fruchtbare, kräftige Lehmböden aus Löß, mal nährstoffarme, aber leicht erwärmbare Buntsandsteinverwitterungen. Die Pfalz, vor allem der Bereich Südliche Weinstraße, galt jahrzehntelang als Gebiet zügelloser Massenweinerzeugung. Das ist heute größtenteils Geschichte. Noch nie waren Pfälzer Weine so gut. Die Ergebnisse der amtlichen Bundesweinprämierung sprechen eine eindeutige Sprache. Noch besser: Man verläßt sich auf seine Zunge. Gelegenheit dazu gibt es reichlich bei einem der über 200 Weinfeste im Jahr, den weinkulinarischen Präsentationen oder beim Winzer direkt. Den besten Überblick über die Leistungsspitze pfälzischer Weinerzeuger bieten jedoch die Weinmessen. Sie sind eigentlich die unverfänglichste Art, sich durch die Pfalz zu probieren. Man hat einen repräsentativen Überblick, kann die Leistungen einzelner Weingüter miteinander vergleichen, sich auf einen bestimmten Jahrgang, eine Rebsorte oder Qualitätsstufe konzentrieren. Das alles kostet weniger als eine Konzertkarte und verpflichtet zu nichts. Gleich dreimal jährlich besteht die Möglichkeit dazu: zu Beginn der Mandelblüte im Frühjahr auf der Pfälzer Weinmesse in Bad Dürkheim, bei der über 600 von der Landwirtschaftskammer prämierte Weine und Sekte zur Verkostung ausgestellt sind. Gleicherorts im Mai findet die „VDP-Weinkost“ statt, bei der sich die qualitative Spitze Pfälzer Rebenkultur präsentiert, oder Anfang Juni bei den „Tagen der Südlichen Weinstraße“ in Landau. Hier wird besonders deutlich, welchen Schritt nach vorne die Südpfälzer Weinmacher in den vergangenen Jahren getan haben. Erst waren es einige wenige im Raum Siebeldingen-Birkweiler, die kompromißlos auf Qualität setzten. Viele sind inzwischen gefolgt. Vor allem die Burgunder-Spielarten sind hier auf der Überholspur. Die Mittelhaardt, nördlich von Neustadt, ist das klassische Anbaugebiet für den Riesling. Dort sind die Imageträger der Region zu Hause. Respektvoll spricht man zwischen Wachenheim und Deidesheim von den drei großen „B's“: Bassermann-Jordan, Bürklin-Wolf, Reichsrat von Buhl. Groß ist ihre Vergangenheit, gewaltig ihre Reputation. Andere Weinmacher verstehen sich nicht minder aufs Handwerk, haben qualitativ längst gleichgezogen, wenn nicht überflügelt. Jahrzehntelang galt die Aufmerksamkeit den Weinen an der Mittelhaardt, doch dokumentiert eine immer größer werdende Zahl von Gütern der Südlichen Weinstraße, daß das qualitative Potential so mancher Weinlage weit größer ist, als es die traditionelle Einteilung und vor allem die öffentliche wie veröffentlichte Meinung anerkennen. Mehr noch: Sie zeigen auch, daß bei strikter und konsequenter Qualitätspolitik höchst beachtenswerte, international konkurrenzfähige Weine erzeugt werden können. Auch das ist die Wein-Pfalz: 100 Millionen Rebstöcke, rund 8500 Weinbaubetriebe, von denen nur ein knappes Drittel unter die Rubrik „Haupterwerb“ fällt, 27 Winzergenossenschaften, gut zwei Dutzend zugelassene Rebsorten, 25 Groß- und über 300 Einzellagen.

Wein ist in der Tat ein äußerst kompliziertes Produkt. Nicht nur beim Kauf, bei dem der Verbraucher oft ratlos vor dem Regal steht und sich wünscht, es gäbe bei der Volkshochschule einen Kurs in Etikettenkunde. Was nicht alles zu beachten ist: der Name des Winzers (eigentlich der verläßlichste Hinweis auf Qualität), der Jahrgang, die Rebsorte, die Prädikats- und Geschmacksstufen, die Lage (wobei ein Deidesheimer Hofstück noch nicht einmal aus Deidesheim kommen muß und damit für zusätzliche Verwirrung sorgt), der Alkoholgehalt und die Prämierungsstreifen.

Für Außenstehende ein Buch mit sieben Siegeln ist auch die Weinerzeugung: Hopfen und Malz, dazu Wasser, und das Bier ist fertig – nicht so beim Rebensaft. „Der Boden ist der Vater, das Klima seine Mutter, und der Jahrgang ist sein Schicksal“, heißt es zwischen Schweigen und Bockenheim oft mit viel Pathos. Die letzten Jahre meinten es gut mit den Pfälzer Winzern. Sehr gut sogar – und doch ist die Sache viel komplizierter.

Um dem Riesling seine charakteristische Frische und Eleganz zu verleihen, wird im Deidesheimer Weingut Dr. Deinhard auf die Erhaltung der geschmacksbildenden Fruchtsäure geachtet. Schonender Weinausbau ist Voraussetzung, wobei sich moderne Technik und das traditionelle Holzfaß zur optimalen Reifeförderung gut ergänzen. Der Holzfaßausbau erfolgt indes nur sekundär in kleinen Anteilen – bei Weinen, die sich ihre Kanten noch abschleifen müssen und eine oxidative Note daher ganz gut vertragen können.

Im Deidesheimer Weingut Dr. Deinhard haben wir Heinz Bauer ein Jahr lang über die Schulter geschaut. Bauer führt das Weingut, dessen oleanderbestandener, von rotem und gelbem Buntsandstein geprägter Innenhof zu den schönsten der Pfalz gehört, seit zwei Jahrzehnten. Einst wurde es von Friedrich Deinhard aus der Koblenzer Sektdynastie gegründet. Bauers Philosophie: „Die Qualität wächst im Weinberg. Im Keller dann so wenig Einfluß auf den Wein nehmen wie möglich, aber so viel wie nötig." Der Grundstock der Qualität wird also im Weinberg gelegt. Dort geht es an einem Februarmorgen, an dem sich das Wetter zwischen Winter und Frühling nicht so recht entscheiden will, auch hin. Während im Gewölbekeller der 92er Jahrgang heranreift, wobei sich moderne Stahltanks und das Holzfaß ergänzen, werden mit dem Rebschnitt im Weinberg schon die Voraussetzungen für den 93er Jahrgang geschaffen. Der Rebschnitt – Handarbeit übrigens, die mit 100 Arbeitsstunden pro Hektar den größten Aufwand neben der Lese erfordert – bestimmt die Leistungseigenschaften des Rebstockes wie Wuchskraft, Qualität und Quantität. Er dauert bis weit in den März hinein. Erst danach erfolgt das Binden und Biegen der „Ruten", der Rebtriebe also. Im April folgt der Austrieb der Reben. Während ihrer Blütezeit liegt über den Weinbergen ein starker Duft. Auf den Verlauf der Rebblüte kann der Winzer keinen Einfluß nehmen. Heinz Bauer nutzt die Zeit, um im Ruppertsberger Linsenbusch eine Neuanpflanzung vorzunehmen. Weißburgunder soll es sein, der immer mehr im Trend liegt und ideal den Rebsortenspiegel ergänzt. Denn: Die kräftige Fruchtsäure des Rieslings paßt nicht überall, und säureärmeren Sorten wie Müller-Thurgau oder Kerner fehlt oft das Rückgrat, der notwendige Gehalt. Übrigens ist die Anpflanzung kein preiswertes Vergnügen: Um einen Hektar neu zu bestocken, sind Investitionen von rund 50 000 DM notwendig. Zudem ist die Arbeit sehr aufwendig: „Eine junge Rebe will ein- bis zweimal pro Woche ihren Herrn sehen."

Das Schneiden der Reben im Winter gehört zu den wichtigsten und zeitaufwendigsten Arbeiten des Winzers im Weinberg. Damit wird dem Rebstock über Jahrzehnte „ewige Jugend" in puncto Wuchskraft und Produktivität ermöglicht. Die Anzahl der Augen (künftige Triebe), die pro Stock angeschnitten werden, entscheidet darüber, ob Qualität oder Masse erzeugt werden soll. Acht Augen pro Stock sind bei Qualitätsorientierung angemessen.

Zurück zum 93er: Es ist Ende Juni, Zeit für intensive Laubarbeiten. Die Laubwand der Rebstöcke muß optimal belichtet wie belüftet sein. Einerseits, damit das Chlorophyll in den Rebblättern zur Photosynthese und damit zur Zuckerbildung optimal genutzt werden kann, andererseits, um Triebe wie Trauben vor möglichen Pilzkrankheiten zu bewahren. Und dann kommt das, was bei älteren Winzern Kopfschütteln, bei Laien gar Empörung hervorruft. Trauben werden ausgedünnt, landen achtlos zwischen den Rebzeilen. Doch dies ist mit der wichtigste Schritt, um ein Vierteljahr später Qualitätsweine zu ernten, die diesen Namen auch verdienen. Mostgewicht und Extraktwerte, das meßbare Innenleben des Weines also, können damit wesentlich erhöht werden. Der Sommer ist gnadenlos heiß, Regen kennen die Pfälzer nur noch von der Wetterkarte. Für Bauer und seine Mannschaft bedeutet dies intensive Bodenpflege in den Weinbergen, ein stärkeres Abmulchen der Dauerbegrünung beispielsweise. Ende August ist es soweit. Die alte Winzer-Regel „100 Tage von der Blüte bis zur Reife" geht voll auf. In der Pfalz werden die ersten frühreifen Sorten – der Riesling hat noch einige Wochen Zeit – geerntet. Ständige Säuremessungen geben nun genaue Hinweise, welche Weinberge und Rebsorten bei der Lese anstehen. Alles, was Hände und Füße hat, ist zur Lese im „Wingert". Und die, die nicht draußen sind, können im Keller wahrlich nicht über Untätigkeit klagen. Sie sind ausgelastet mit Maischen und Keltern, dann folgt die Gärung, schließlich der Ausbau der Weine, der Abstich von der Hefe, hier und da eine Schönung, um Trübungen zu vermeiden und die Flaschenfüllung. Das Ergebnis besticht: feine Fruchtaromen, viel Extrakt und eine rassige, feinfruchtige, dennoch harmonisch eingebundene Säure.

Der Butter-und-Brot-Wein der Pfalz ist nach wie vor der Müller-Thurgau mit seinem fruchtigen Bukett und einem dezenten Muskat-Aroma. 21,2 Prozent der 22 600 Hektar großen Rebfläche sind mit ihm bestockt. Doch der Riesling – er ist nicht nur in der Pfalz die Renommee-Sorte schlechthin – ist ihm mit 20,5 Prozent immer dichter auf den Fersen. Es ist wohl nur noch eine Frage der Zeit, bis der „König der Weißweine" mit seiner markanten, dennoch filigranen Säure die Führung übernimmt. Der Kerner, die wohl erfolgreichste Rebenneuzüchtung mit 10,7 Prozent sowie der saftige Silvaner mit 7 Prozent komplettieren das Quartett der Weißweine. Bei den „Roten" ist der Portugieser mit 10 Prozent unangefochten vorne. Vor allem als Weißherbst ausgebaut ist er ein Sommerhit. Mit respektablem Abstand folgen der kräftig-markante Dornfelder (3,3 Prozent) sowie der Spätburgunder (2,9 Prozent).

Rundum erfreulich sind die Trends der letzten Jahre: raus mit den Neuzüchtungen – die eines gemeinsam hatten: hoher Zuckergehalt des Mostes, gemessen in Öchslegraden, und geringe Akzeptanz –, zurück zu den Rebsorten-Klassikern. Zu den Klassikern zählen – zumindest international – auch Chardonnay und Cabernet Sauvignon. Während letzterer in der Pfalz noch im Versuchsanbau ist, gewinnt der Chardonnay zunehmend Anhänger. Vor allem die Burgunder-Spielarten landen immer häufiger im Barrique, jenem 225 Liter fassenden Eichenholzfaß, das dem Wein mal einen zarten Vanilleton, mal einen deutlichen Holzton mit in die Flasche gibt. Barrique-Weine indes spalten die Weinwelt in zwei Lager: Für die einen sind sie das I-Tüpfelchen eines gereiften Gewächses, für die anderen nichts als ein „Zungenkuß mit Mundgeruch". Die Schätze aus dem Keller und die der regionalen Küche kitzeln den Gaumen und fordern sich gegenseitig zu Höchstleistungen heraus.

Da kannte auch der Bundeskanzler Helmut Kohl keine Gnade. Sie alle mußten ran, ran an sein Leib- und Magengericht, den Pfälzer Saumagen: Die „eiserne Lady", Margaret Thatcher, machte 1989 mutig den Anfang, Michail Gorbatschow folgte ein Jahr später, dann der kanadische Ministerpräsident, der amerikanische Außenminister und schließlich Rußlands Staatspräsident Jelzin. Kein Wunder also, daß die Pfälzer Küche, die somit Einzug in die Weltpresse hielt, ausschließlich mit Saumagen gleichgesetzt wird. Welch ein Fluch, aber auch welch ein Segen.

Die steile Karriere des Saumagens begann im Hinterland, dem Westrich. Dort war er jahrzehntelang eine Mahlzeit für die ärmeren Leute. Hinein kamen die Reste vom Schlachten: Es war eben das Abschlußessen eines Schlachttages. Dann gelangte das Rezept in die Vorderpfalz und wurde zunehmend verfeinert. Gezählt hat sie keiner, aber es soll an die 200 Saumagen-Varianten geben. Merke: Es gibt nur ein richtiges Saumagen-Rezept – das eigene! Allen Saumagen-Varianten ist eines gemeinsam, die Beilagen: in Weißwein gedünstetes Sauerkraut, dazu ein Laib durchgebackenes Brot oder luftiges Püree. Schon bei der Hülle des Saumagens scheiden sich die Geister. Den gereinigten Magen vom Schwein findet man immer seltener. Für Norbert Kohnke vom Weinkastell „Zum weißen Roß" in Kallstadt ist er jedoch eine Selbstverständlichkeit. Bei ihm gibt es den Saumagen zudem in flüssiger Form – als Wein. Die Weinlage „Kallstädter Saumagen" gehört zu den besten der Pfalz. Namengebend ist die sackförmige Parzellengestalt. Kohnke verrät das klassische Rezept des Saumagen-Gerichts: zwei Teile Schweinefleisch in grobe Würfel geschnitten, einen Teil Brät aus Schweinefleisch mit Eiern, Salz, Pfeffer, Muskat und Majoran vermengen, dazu geschnittene Kartoffeln geben. All das kommt in den gereinigten Schweinemagen, wird zugebunden und siedet rund drei Stunden bei 80 Grad heißem Wasser. Die einen lieben ihn so, wie er aus dem Sud kommt, andere dagegen braten ihn – in Scheiben geschnitten – leicht an.

Manfred Schwarz in Deidesheim etwa. Hier, im Deidesheimer Hof, der für viele das Mekka pfälzischer Regionalküche ist, läßt sich vorzüglich nachvollziehen, daß es ein Leben hinter der Pfälzer Trias – Saumagen, Leberknödel und Bratwurst – gibt. Die „Völkermühle Rhein" hat in der Küche der Pfalz viele Spuren hinterlassen. Sie ist ein bißchen vom benachbarten Elsaß geprägt, französisch also, zeigt mal schwäbische, mal bayerische Einflüsse – vor allem aber ist sie südlich. 90 Prozent seiner Zutaten – und Manfred Schwarz ist damit beileibe kein Einzelfall – bezieht der Kochkünstler aus der Nachbarschaft. „Wir Gastronomen empfinden die Pfalz wie ein Schlaraffenland", sagt er und schätzt sich glücklich mit der Produktvielfalt vor seiner Haustür. Ob frisches Gemüse, aromatisches Obst oder zartes Wild: Es lassen sich mit den Produkten der Region alle Facetten der kulinarischen Kochkunst zaubern. Von bodenständiger Küche bis zu Kreationen mit internationalem Flair reicht die Spannweite. Zart geräuchertes Zanderfilet aus den Rheinauen auf Rahmsauerkraut mit Schalottenschupfnudeln ist ein Beispiel für die gehobene Pfälzer Küche. Gaumenstimulierend wirkt vorab gereichte Eisbeinsülze auf

„Die Kanne" in Deidesheim, ältestes Gasthaus der Pfalz, ist nach gründlicher Restaurierung wieder das, was sie einmal war: ein romantischer Landgasthof in der Mitte des Ortes. Zu den Weinen des Eigentümers Bürklin-Wolf und eines weiteren Dutzends Pfälzer Top-Betriebe gesellt sich eine leichte Küche, die sich an den Produkten der Region orientiert.

marinierten Gurkenscheiben, und zum guten Schluß rundet eine Cassis-Feige mit Mohneis das Ganze ab. Die Feige ist natürlich eine Pfälzer Feige, die Beeren stammen aus dem Pfälzerwald; Spargel, Wirsing, Kohlrabi, diverse Salatsorten, Kräuter und Kartoffeln kommen aus der „Ebene zwischen Rhein und Wein". Apropos Kartoffel: Sie heißt in der Pfalz „Grumbeere", linderte in der Geschichte so manche Hungersnot und ist auch heute noch das wichtigste Grundnahrungsmittel des Pfälzers – egal ob gedämpft oder gebraten, gratiniert oder geröstet. Für einen Nicht-Pfälzer klingt das beliebteste aller Leibgerichte beinahe exotisch: „Pfälzer Grumbeersupp mit Quetschekuche".
Alte Kochbücher werden entstaubt, die Rezepte entschlackt und verfeinert. Großmutters Küche ist in der Pfalz wiederauferstanden, lebt mit den Jahreszeiten. Ende April wird der erste Spargel gestochen, im Sommer beginnt die Zeit der Melonen, Kiwis und Pfirsiche, und im Herbst, wenn der neue Wein in die Fässer kommt, hat Wild Hochsaison. Ohne Zweifel, sie hat zwei Seiten, die Pfälzer Küche: die deftige, den Magen mit Saumagen, Hausmacherwurst und Weißem Käs füllende zum einen; die feine, den Gaumen anregende zum anderen. „Neue Pfälzer Küche" wird sie genannt und orientiert sich an den veränderten Eßgewohnheiten. Nach feiner und leichter Küche müsse man in der Pfalz lange suchen, heißt es in einem Reiseführer, der gerade mal zehn Jahre alt ist. Das ist längst passé. Es hat sich Gewaltiges getan. Entwickelt hat sich eine Küche als Spiegelbild ihrer Landschaft: leicht und lustbetont, niemals langweilig, reich nuanciert.

Wer in der Pfalz eine Weinstube wie die „Eselsburg" in Mußbach betritt, bleibt nicht lange allein. Die „Eselsburg" gilt mit ihrem eigentümlichen wie liebenswerten Sammelsurium aus Gemälden, Fotos, Trödel und Steintafeln als die urigste aller Pfälzer Weinstuben.

Noch einmal zurück nach Deidesheim: Dort steht die „Kanne", ältestes Gasthaus der Pfalz, das seit einiger Zeit wieder das ist, was es einmal war, ein romantischer Landgasthof in der Mitte des Ortes. Bereits 1160 betrieben Mönche gegenüber dem historischen Rathaus von Deidesheim eine Klosterherberge, aus der später ein Gasthof wurde. Aus dem „Hof zum Kruge" (um 1400) entwickelte sich 1532 „zum Kanten" (Kanne). Nach der Verwüstung durch die Franzosen wurde das Gasthaus 1705 wiederaufgebaut. Die zartrosa Fassade strahlt schmucker denn je und trotzt dem durchlärmenden Autoverkehr. Auf Sterne, Punkte und Kochmützen legt man hier keinen Wert. Der Winzer am Stammtisch soll hier genauso seine Heimat haben wie der Gourmet. Die Küche: eine leichte Küche, die sich an den frischen Produkten der Region orientiert. „Gutsausschank Bürklin-Wolf", mit diesen Worten weist eine Schmiedearbeit über dem Eingang auf den Eigentümer hin. Auch das ist typisch für die Pfalz. Die Straußwirtschaft, von Winzern für eine kurze Zeit des Jahres in Eigenregie mit kleinen Speisen betrieben, kommt selten vor, der Gutsausschank hingegen oft. Mal gibt es ihn nur für einige Tage im Jahr, wenn Weinfest oder Kerwe ist, mal ganzjährig wie beispielsweise in Gimmeldingen (Weingut Christmann) oder Rhodt (Weingut Fader).
Soviel ist sicher: Noch nie wurde in der Pfalz so gut gegessen, vor allem aber gekocht wie heute. Und: Essen und Wein gehören zusammen. Das zeigt sich an den mittlerweile zahllosen kulinarischen Weinproben, den Sekt- und Riesling-Galas. Wie im Weingut Anselmann im südpfälzischen Edesheim: Zu sechs Gängen wurden 21 Weine ausgeschenkt, um die Harmonie zwischen Wein und Speise auszuloten. Eine Allianz aus Küche und Keller gewissermaßen. Gibt es Gebote für die Wahl des Weines? Die uralte Faustregel „Rotwein zu dunklem, Weißwein zu hellem Fleisch" ist jedenfalls längst überholt. Erlaubt ist im Prinzip, was gefällt, und ein halbtrockener Pfälzer Riesling eignet sich im Prinzip als Universalwein. Wer sich indessen auf eine Gaumen-Erlebnisreise durch Pfälzer Küche und Keller machen will, dem sei dies mit auf den Weg gegeben: Der Wein sollte den Geschmack der Speisen unterstreichen, ihn aber in keinem Fall überdecken. Geschmacksträger einer Speise ist in aller Regel die Sauce. Nach ihr sollte sich die Wahl des Weines richten. Und: Bei der Weinfolge schließlich – wie auch der der Speisen – ist zu beachten, daß Aroma und Geschmack sowie Gehalt und Fülle (Alkohol, Extraktwert) eine Steigerung erfahren.
Botschafter in Sachen Küche und Keller sind die Köche der „Pfälzer Auslese", ein lockerer Zusammenschluß von fünf Kochartisten aus Kallstadt, Freinsheim, Speyer, Bellheim und Neuleiningen, die eine gemeinsame Philosophie eint: „Aus den Zutaten, den Ressourcen, die uns die Region in reicher Fülle bereitet, machen wir das Beste." Alljährlich schwärmen sie auf der Pfälzer Weinmesse aus, stecken ihre Nasen erst in ungezählte Gläser, dann zusammen, um ihren Wein des Jahres zu finden: mal ein „Edelsüßer", mal ein Rotwein – immer aber ein Wein, der die Region auf das beste repräsentiert.

Der Wein prägt nicht nur das Gesicht einer Landschaft, sondern auch seine Bewohner. Beim Wein rückt man schnell zusammen, ob im Gasthaus oder bei einer Pause während der Ernte. Rasch sind zur Mittagszeit Tische und Bänke inmitten der Reben aufgestellt, wird aus der „Herbstküche" aufgetischt – vorzugsweise Deftiges: Hausmacherwurst und weißer Käs – das ist Quark, angemacht mit Zwiebeln, Pfeffer, Salz, Paprika und Schnittlauch – Kartoffelsuppe und Kesselfleisch. Dazu gibt es einen kräftigen Schoppen oder Federweißen.

B„arriques“ heißen die kleinen, 225 Liter beinhaltenden Eichenholzfässer, die dem Wein eine unverwechselbare – allerdings nicht ganz umstrittene – Note schenken. Holztannine verbinden sich während der Reife mit den Gerbstoffen und Extrakten des Weins und verleihen ihm völlig neue Aromen, Anklänge an Zimt und Vanille etwa. Thomas Siegrist aus Leinsweiler, einem der Pioniere dieser Ausbauart, wurde Ende der achtziger Jahre sogar ein Wein als „nicht verkehrsfähig“ beschlagnahmt. Das ist Geschichte, Barrique boomt. Nicht nur bei Siegrist: Er übernahm 1971 das elterliche Weingut, stellte den Betrieb auf Eigenvermarktung und klassische Rebsorten um. Die im Barrique ausgebauten Rotweine reifen im 1555 erbauten Zehntkeller der Gemeinde heran.

Adressen: Ein Pfalz-Besuch macht Spaß; die Region hat vieles zu bieten. Gebündelte Informationen zur Vorbereitung auf die Stippvisite, das verlängerte Wochenende, den Kurz- oder Familienurlaub hält die Pfalz-Tourist-Information (67433 Neustadt, Martin-Luther-Straße 69, Tel. 0 63 21/92 68 92, Fax 0 63 21/92 69 91 bereit. Die Südpfalz per pedes, Fahrrad oder Motorroller erleben? Die Zentrale für Tourismus der Südlichen Weinstraße (76829 Landau, An der Kreuzmühle 2, Tel. 0 63 41/94 04 11, Fax 0 63 41/94 04 07) sorgt für frischen Wind im Bereich von Maikammer bis Schweigen.

Annweiler: Die Stadt unterhalb der Reichsfeste Trifels ist nach Speyer die zweitälteste der Pfalz. Mittelalterliches Fachwerk und Staufer-Glanz bestimmen trotz enormer Kriegsschäden das Ortsbild. Annweilers traditionsreichstes Gewerbe war das Gerberhandwerk. Bis Mitte des 19. Jahrhunderts nutzten die Gerber die Wasserkraft der Queich zur Ausübung ihres Berufes. Zwei alte Wasserräder sind heute noch in der idyllischen Wassergasse zu Anschauungszwecken in Betrieb. Aufschlußreiches aus Stadtgeschichte und Gerberhandwerk vermittelt das Gerber-Heimatmuseum in der Quodgasse 32 (Das Museum wird zur Zeit renoviert, Wiedereröffnung Anfang August 1998. Informationen bei der Stadt Annweiler, Tel. 0 63 46/38 18).

Bad Bergzabern: 1964 wurde Bergzabern von der Landesregierung zum Staatsbad erhoben. Seit einem Besuch des Prälaten Sebastian Kneipp (1821–1897) ist der Ort Heilbad. Mondäner Charme mitten auf dem Land zwischen Wein und Wald. Einen Besuch lohnen der mittelalterliche Stadtkern mit prächtigen Patrizierhäusern, die Marktkirche, das Gasthaus „Zum Engel", eines der eindrucksvollsten Renaissance-Häuser der Region, sowie das ehemalige Schloß der Herzöge von Pfalz-Zweibrücken.

Bad Dürkheim ist eine Kur- und Kongreßstadt und auch Staatsbad mit anerkannten Quellen. Sehenswert sind die Schloßkirche St. Johannes, der Kurpark mit Gradierbau und Saline, das Dürkheimer Riesenfaß sowie die Klosterruinen Limburg und Hardenburg. Der Dürkheimer Wurstmarkt – eines der größten Weinfeste der Welt – mit einer 500jährigen Tradition findet jährlich am zweiten und dritten Wochenende im September statt. Oberhalb des Ortsteils Ungstein wurde bei Flurbereinigungsarbeiten eine imposante römische Kelteranlage freigelegt.

Dahn: Felsen sind das markante Zeichen der Region rund um Dahn. So ist das Dahner Felsenland mit Braut und Bräutigam, Jungfernsprung und Teufelstisch ein Kletter-Eldorado. Um den Ort herum gruppiert sich ein halbes Dutzend Burgen. Die imposanteste: die Raubritterburg Berwartstein. Aus dem Mittelalter erhalten sind Reste eines Geschützturms der Vorburg sowie in den Fels gehauene Kammern und Gänge. (76891 Erlenbach, ab März tägl. von 10 bis 18 Uhr Führungen, Tel. 0 63 98/2 10).

Deidesheim: Das schmucke Patrizierdorf zwischen Neustadt und Bad Dürkheim gehört zur schönsten Visitenkarte der Pfalz. Mittelpunkt des Dorfes ist der Marktplatz mit seinem historischen Rathaus. Dort ist 1986 ein beachtliches Weinmuseum entstanden. (Museum für Weinkultur, Marktplatz 8, 67146 Deidesheim, Tel. 0 63 26/61 40, März–Dezember geöffnet von Mi–So von 16 bis 18 Uhr und an Feiertagen). Um den Marktplatzbrunnen gruppieren sich die Pfarrkirche St. Ulrich, die „Kanne", das älteste Gasthaus der Pfalz, sowie der „Deidesheimer Hof", ein ehemaliges Gutshaus von 1702, das sein heutiges Aussehen einem Umbau im Neo-Renaissance-Stil verdankt. Sehenswert sind auch das Beinhaus, die Hospitalkirche und der Schloßpark. Auch der älteste Winzerverein ist hier zu Hause. 1898 wurde er von 35 Winzern gegründet. Das Deidesheimer Weinfest findet am zweiten und dritten Wochenende im August statt, der Deidesheimer Weihnachtsmarkt an allen Adventwochenenden.

Donnersberg: Im Nordpfälzer Bergland ist er unübertroffen. 687 Meter ist dieser mächtige Porphyr-Gebirgsstock vulkanischen Ursprungs hoch. Die ersten, die kamen, waren Kelten. Ihr schützendes Ringwallsystem ist auch heute noch erkennbar, zudem hilft eine Rekonstruktion der Phantasie auf die Sprünge.

Essig: Wer dem Wein Saures gibt, erhält Essig. Ganz so einfach ist es natürlich nicht. Auch wurden die „Pioniere" des Pfälzer Winzeressigs anfangs belacht. Heute lacht keiner mehr, Winzeressig ist ein Nischenprodukt, das voll im Trend liegt. Essig findet man auf der Preisliste des Winzers wie den Traubensaft. Georg Wiedemann aus Venningen zählt zu den Vorreitern der „Essig-Macher". Kombiniert mit Kräutern, Früchten oder Honig, serviert in eigens entworfenen, langstieligen wie filigranen Gläsern, sind Wiedemanns Aperitifessige ein Erlebnis für Zunge und Gaumen, verdauungsfördernd und die ideale Alternative zum Sorbet zwischen den Gängen.

Federweißer: Die Freude auf den neuen Jahrgang manifestiert sich im Federweißen, dem in Gärung befindlichen, trüben Most. Vitaminreich ist er, sehr bekömmlich, steigt aber in größeren Mengen zu Kopf. An der Weinstraße und den Ausfallstraßen in den Pfälzerwald wird der Federweiße (auch Bizzler oder Sauser) in bilderbuchmäßigen Erntejahren schon ab Ende August verkauft. Doch Vorsicht: Der „neue Wein" gärt noch. Daher niemals in völlig geschlossenen Gefäßen transportieren.

Forst: Das kleine Dorf zwischen Bad Dürkheim und Neustadt an der Weinstraße gilt als das Riesling-Mekka der Pfalz. Ausgezeichnetes Mikroklima und hervorragende Böden machen die Weinberglagen Kirchenstück und Jesuitengarten zu den wertvollsten der Pfalz. Sehenswerte Fachwerk- und Sandsteinbauten, charakteristische Doppeltore und malerische Winzerhöfe prägen den Charakter des Dorfes.

Frankenthal: Wer sich der Stadt über das gleichnamige Autobahnkreuz nähert, unbeeindruckt die Industrie-, Gewerbe- und Einkaufsgebiete hinter sich läßt, wird überrascht sein, welcher Glanz vom Marktplatz ausgeht. Ehemaliges Augustiner-Chorherrenstift, Dreifaltigkeits- und Zwölfapostelkirche – geballte Sehenswürdigkeiten rund um den Rathausplatz. Im Foyer des Rathauses befindet sich eine schöne Sammlung von Porzellankostbarkeiten.

Freinsheim: Einen Steinwurf abseits der Weinstraße, dort wo der Wein- in den Obstanbau übergeht, liegt die pfälzische Antwort auf Rothenburg ob der Tauber. Eine guterhaltene Stadtmauer ringsum, zwei mächtige Stadttore, Wehrtürme, das barocke Rathaus mit Freitreppe, stattliche Herrschaftshäuser früherer Adelsgeschlechter und Kaufmannsfamilien, das ehemalige Klostergut „Von Busch Hof", all das macht Freinsheim zu einem lebendigen Freilichtmuseum. Gefeiert wird vor dieser romantischen Kulisse ordentlich: Vom Blütenfest im April spannt sich der Bogen über das Stadtmauerfest im Juli bis hin zum Fest des Federweißen im September.

Haßloch: Die Gemeinde zwischen Speyer und Neustadt gilt mit rund 19 000 Einwohnern als das größte selbständige Einzeldorf in Rheinland-Pfalz. Meinungsforscher testen hier neue Produkte auf ihre Akzeptanz beim Kunden. Der Holiday-Park im Süden des Dorfes ist die Antwort auf Disneyland (Holiday-Park, 67454 Haßloch, die Öffnungszeiten sind unter Tel. 0 63 24/59 93-3 18 zu erfragen, weitere Informationen unter 0 63 24/59 93 900, Fax 59 93-50).

Imsbach ist eine Gemeinde an der Südflanke des Donnersbergs. Bis 1911 wurden hier die verschiedensten Schätze aus dem Erdreich gefördert: Kupfer und Kobalt, Eisen und Silber. Um den bekanntesten Stollen, die „Weiße Grube", wird alljährlich im Mai ein Bergmannsfest gefeiert. Das Besucherbergwerk kann zwischen April und Oktober an den Wochenenden zwischen 10 und 17 Uhr besichtigt werden sowie an Feiertagen (weitere Informationen unter Tel. 0 63 02/23 04).

Johanniskreuz ist für die Einheimischen der Mittelpunkt der Pfalz tief im Pfälzerwald, auf 473 Meter Höhe gelegen. 1843 tagte hier eine Forstkommission und taufte die geradezu endlos grüne Wildnis in „Pfälzerwald". Heute ist Johanniskreuz ein idealer Ausgangspunkt für ausgedehnte Wanderungen auf gut beschilderten Wegen.

Kaiserslautern: Die Einheimischen nennen die Barbarossastadt „Lautre“, die Fußballfans pilgern zum „Betze“, und die Amerikaner nennen ihre Garnison despektierlich „K-Town“. Sehenswert: der von Gernot Rumpf geschaffene Kaiserbrunnen in der Steinstraße, die Stiftskirche als bedeutende gotische Hallenkirche, die Bettelordenskirche St. Martin, das volkskundlich-historische Theodor-Zink-Museum in der Steinstraße 48 (Tel. 06 31/3 65 23 27, geöffnet Di–Fr 9–17 Uhr, Sa–So 10–18 Uhr), die Pfalzgalerie am Museumsplatz (Tel. 06 31/3 64 72 01, geöffnet Di–So von 10–17 Uhr, Di zusätzlich von 19–21 Uhr) mit Werken des deutschen Im- (Max Slevogt) und Expressionismus (Max Beckmann) sowie der Rekonstruktionsversuch des Casimirsaals der Barbarossa-Burg im Schatten des zweithöchsten Rathauses des Landes. Dort gibt es auch Informationen über das Oberzentrum des Pfälzerwaldes (Verkehrs- und Informationsamt Kaiserslautern, 67653 Kaiserslautern, Willy-Brandt-Platz 1, Tel. 06 31/1 94 33, Öffnungszeiten: Mo–Do 8.30–12.30 Uhr, 13.30–17 Uhr sowie Fr 8.30–15 Uhr, in den Monaten Mai bis September auch Sa 9–12 Uhr).

Kirchheimbolanden ist die heimelige Residenzstadt der Linie Nassau-Weilburg am Fuß des Donnersberges. Die Zeiten, die auf das 18. Jahrhundert – die Blüte der Stadt - folgten, haben nur wenige Spuren der Veränderung hinterlassen. Treppen und Türme, Erker und Kirchen: Hier war alles auf die fürstliche Hofhaltung ausgerichtet. In der Paulskirche, der früheren Schloßkirche, spielte 1778 der junge Wolfgang Amadeus Mozart.

Landau: Die Gartenstadt gilt als das kulturelle wie wirtschaftliche Zentrum der Südpfalz. 1648 fiel Landau an Frankreich und wurde zur Festung ausgebaut. Teile davon sind noch erhalten. Etwa die Zitadelle, der Kanal im Westen der Stadt sowie das Deutsche und das Französische Tor. Nach Neustadt und vor Bad Dürkheim ist Landau die zweitgrößte weinbautreibende Gemeinde der Pfalz. Sehenswert: das Gebäudeensemble rund um den Rathausplatz sowie die zahlreichen Parkanlagen. Am dritten Sonntag im Oktober findet in Landau das Fest des Federweißen statt.

Ludwigshafen: Die größte Stadt der Pfalz ist gerade einmal 140 Jahre alt. Auch wenn der Dienstleistungsbereich deutlich an Gewicht gewonnen hat, gilt Ludwigshafen auch in den neunziger Jahren als Stadt der Chemie: „Richtig ist, daß das wirtschaftliche Wohlergehen der Stadt vom ökonomischen Erfolg des BASF-Konzerns entscheidend mitbestimmt wird“, heißt es in einer Broschüre der Stadt. Dafür kann sich die Stadt Dinge leisten, die in anderen Städten schon längst der Haushaltsschere zum Opfer gefallen sind – ein ambitioniertes Kulturprogramm etwa. Das Wilhelm-Hack-Museum in der Berliner Straße 26 (Tel. 06 21/ 5 04 34 11, geöffnet Di–Mi 10–17.30 Uhr, Do 10–20 Uhr, Fr–So 10–17.30 Uhr) genießt heute internationales Ansehen – dauerhaft durch die 55 Meter lange und zehn Meter hohe Keramik-Außenfassade von Joan Miró und den Sammlungsschwerpunkt „Klassische Moderne“ sowie durch spektakuläre Wechselausstellungen.

Musikantenland: Für die einen ist es die „alte Welt“, ein wenig unberührt vom Fortgang der Geschichte, für die anderen das Musikantenland. Nordwestlich von Kaiserslautern liegt es. Arbeit gab es hier im vergangenen Jahrhundert kaum, Bodenschätze auch nicht. So zogen viele als Wandermusikanten in die weite Welt hinaus, um die Familie daheim zu ernähren. Festgehalten wird diese Zeit in den Musikanten-Museen in Mackenbach in der Schulstraße, 67686 Mackenbach, Tel. 0 63 74/6 75, geöffnet So 14–17 Uhr und nach Anmeldung und auf Burg Lichtenberg in der Burgstr. 11 im Thall Lichtenberg (Tel. 0 63 81/26 33, geöffnet Di–So 10–23 Uhr, im Januar und Februar zeitweise Betriebsferien, genaue Informationen bitte telefonisch erfragen).

Neustadt ist das Tor zum Naturpark Pfälzerwald. Hier haben alle die ihren Sitz, die sich um das Wohl und Wehe des Pfälzer Weines kümmern. Der Wein bestimmt den Festkalender der Stadt mit ihren eingemeindeten Vororten wie Hambach, Gimmeldingen, Haardt oder Königsbach. Höhepunkte: Das Mandelblütenfest im März in Gimmeldingen, das Eselshaut-Fest im Juli in Mußbach und natürlich das Deutsche Weinlesefest mit der Wahl der Pfälzer wie der Deutschen Weinkönigin zu Winzers Erntedank Anfang Oktober. Sehenswert ist vor allem das, was im Bereich der von Fachwerkhäusern gesäumten Fußgängerzone liegt: der Marktplatz mit dem Rathaus und dem Scheffelhaus zu Füßen der als Simultankirche genutzten Stiftskirche, das Casimirianum, das für wenige Jahre Gegenuniversität zu Heidelberg war, aber auch der Herrenhof im Ortsteil Mußbach. Ein Abenteuer besonderer Art am Wochenende ist die Fahrt mit dem historischen „Kuckucksbähnel“ ins Elmsteiner Tal oder ein Besuch des Eisenbahnmuseums am Hauptbahnhof (67433 Neustadt, Tel. 0 63 21/3 03 90, Öffnungszeiten Sa, So und feiertags 10–16 Uhr).

Pirmasens: Die Schuhmetropole schlechthin verdankt ihren Namen dem Wanderbischof Pirminius (gest. um 753). 820 wurde die Stadt urkundlich erstmals erwähnt, 1741 machte sie Landgraf Ludwig IX. (1719–1790) von Hessen-Darmstadt zur Residenz und gründete eine Garnison. Zu den Sehenswürdigkeiten zählen Zeugnisse jener Zeit, die Grenadierhäuser in der Gärtnerstraße etwa, die ehemalige Garnisonsschule von 1760 sowie das Deutsche Schuhmuseum im alten Rathaus an der Hauptstraße 26 (Schuh- und Heimatmuseum, Bürkel-Galerie, 66953 #Primasens, Tel. 0 63 31/84 22 23, Öffnungszeiten Do 15–18 Uhr, So 10–13 Uhr und nach Vereinbarung). 30 Schuhindustrie-Betriebe beschäftigen heute rund 3400 Mitarbeiter.

Saumagen gibt es in der Pfalz gleich zweimal: als Wein rund um Kallstadt sowie als des Pfälzers Leib- und Magengericht. Der Standard-Saumagen besteht zu zwei Teilen aus Schweinefleisch in groben Würfeln sowie einem Teil Brät aus Schweinefleisch mit Eiern, Salz, Pfeffer, Muskat und Majoran. Serviert wird der Saumagen frisch aus dem Sud (selten) oder leicht angebraten (die Regel), immer aber mit Sauerkraut und kräftigem Brot.

Slevogt: Oberhalb von Leinsweiler an der Südlichen Weinstraße gelegen, ist der Slevogthof mit seinem markanten, weißen Turm weithin sichtbar. 1914 erwarb der große deutsche Impressionist das Anwesen von seinen Schwiegereltern. Rund 150 Gemälde hat Max Slevogt auf seinem Sommersitz gemalt. Besonders sehenswert sind die Wand- und Deckengemälde im Musik- und Bibliothekszimmer. Motive aus Mozart- und Wagner-Opern hier, die vier Gattungen Epos, Drama, Märchen und Roman dort. Besichtigt werden kann der Hof nur im Rahmen einer Führung durch die Nachfahren des Malers (Slevogthof, 76829 Leinsweiler, Tel. 0 63 45/36 85, Führungen: Mo–Mi 11.15 und 13.30 Uhr, zusätzlich ab Karsamstag bis 1. November Sa + So 16 Uhr).

Speyer gilt als ein städtebauliches Juwel: Salier-Glanz im Dom, lebendige Stadtgeschichte, manifestiert in der Dreifaltigkeitskirche, der Retscherkirche, dem Judenbad, dem Altpörtel oder auf der Flaniermeile Maximilianstraße. Sehenswert ist das Historische Museum der Pfalz gegenüber dem Dom. Spektakulär sind die Wechselausstellungen, aufschlußreich die ständigen Sammlungen zur Landesgeschichte, etwa im Weinmuseum (Historisches Museum der Pfalz, 67346 Speyer, Domplatz 4, Tel. 0 62 32/1 32 50, Fax 0 62 32/ 13 25 40, geöffnet Di–So 10–18 Uhr, Mi 10–20 Uhr). Speyer ist zugleich Ausgangspunkt für Ausflugsfahrten auf dem Rhein.

Trippstadt: Wasser und Wald gibt es satt rund um die heimliche Hauptstadt des Landkreises Kaiserslautern. Sehenswert: das Schloß, in dem heute forstwirtschaftliche Studien betrieben werden. Eine Führung im „Ölzeug“ durch den unterirdischen Brunnenstollen (Fremdenverkehrsamt, Hauptstraße 32, 67705 Trippstadt, Tel. 0 63 06/341, Fax 0 63 06/15 29) ist ebenso lohnend wie eine Wanderung durch das wildromantische Karlstal.

Wein: Natürlich lebt nicht die ganze Pfalz vom Wein, aber alle leben mit ihm. 22 600 Hektar sind mit Reben bepflanzt. Müller-Thurgau und Riesling vor allem, aber auch Kerner, Silvaner und Scheurebe, die Burgunder-Spielarten sowie Portugieser und Dornfelder. Unterteilt ist das Anbaugebiet Pfalz in die beiden Bereiche Südliche Weinstraße (rund 12 000 Hektar) und Mittelhaardt-Deutsche Weinstraße (10 000 Hektar). Der Blick auf Details der Weinkartografie zeigt zwei Dutzend Großlagen und mehr als 300 Einzellagen. Ein Drittel der rund 10 000 Weinbaubetriebe fällt unter die „Überschrift“ Haupterwerb. 1000 davon sind Selbstvermarkter, bauen ihre Weine also selbst aus und bieten sie ihren Kunden als Flaschenweine zum Verkauf an. Einen wichtigen Stabilisierungsfaktor stellen die 28 Winzergenossenschaften mit ihren rund 7000 Mitgliedern dar. Soweit die Fakten. Was sagen Zunge und Gaumen? Noch nie war Pfälzer Wein auf breiter Front so gut. Gebietstypische Schoppenweine, ideale Essensbegleiter im Kabinett- und Spätlese-Bereich sowie hochwertige, international konkurrenzfähige Spezialitäten werden in den Weinkellern ausgebaut. Pfälzer Weine sind auf der Überholspur. (Mehr über Pfälzer Wein vermittelt der Pfalzwein e. V. in 67410 Neustadt, Postfach 10 10 02, Tel. 0 63 21/91 23 28).

Zweibrücken: Die einstige Residenzstadt hat sich aus einer um 1150 erbauten Burg entwickelt. Sehenswert sind die Fasanerie, das ehemalige herzogliche Schloß sowie die Alexanderkirche. Zweibrücken ist aber auch die Stadt der Rosen und Pferde. Von dieser Tradition zeugen „Europas Rosengarten“ (Rosengarten, Rosengartenstraße 60, 66482 Zweibrücken, Tel. 0 63 32/ 87 16 75, geöffnet Mo–So 7–20 Uhr), der Wildrosengarten sowie das Trakehner-Gestüt in Birkhausen.

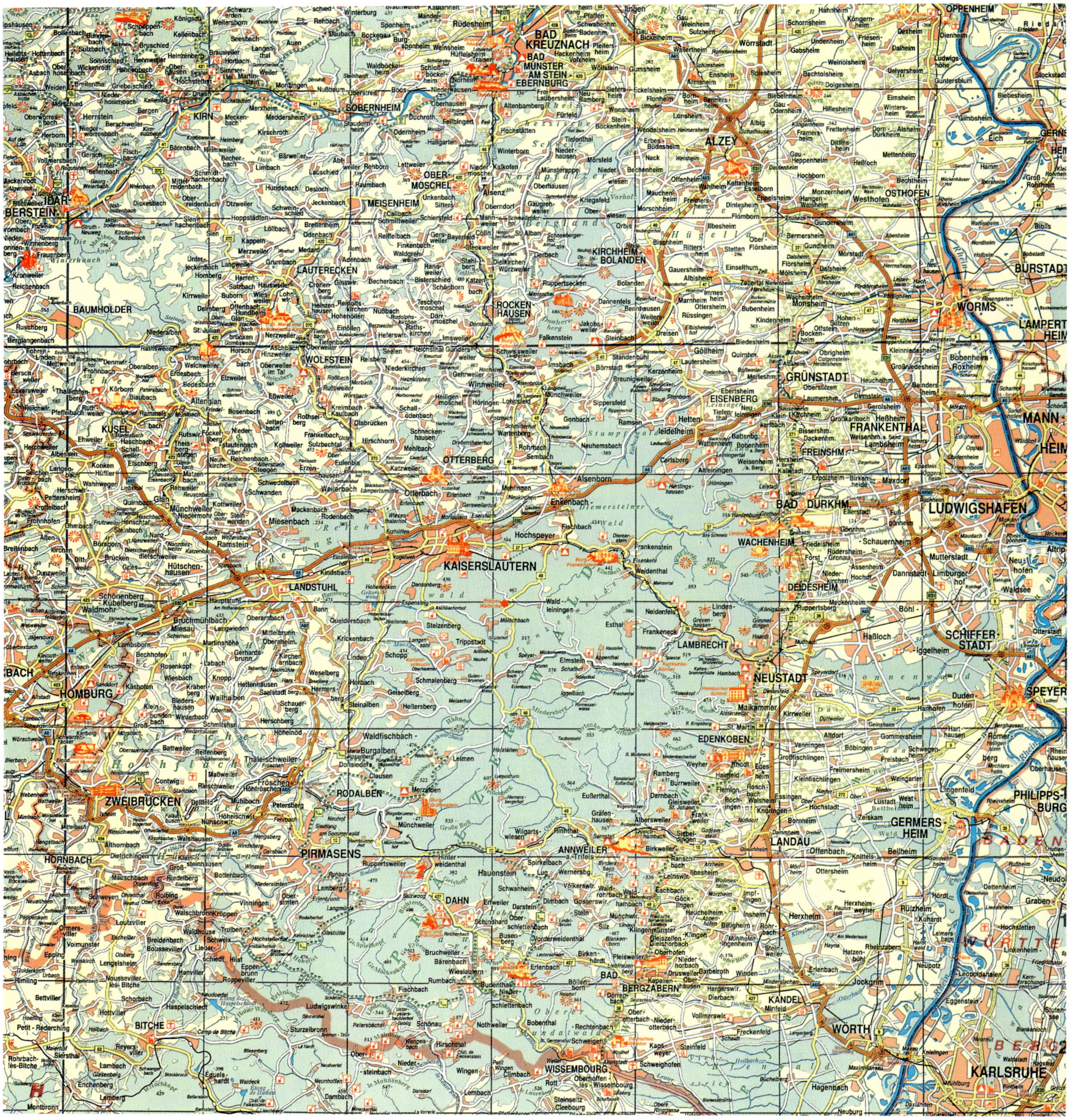

BAD KREUZNACH
BAD MÜNSTER AM STEIN-EBERNBURG
OPPENHEIM
ALZEY
KIRN
SOBERNHEIM
IDAR-OBERSTEIN
MEISENHEIM
OBER-MOSCHEL
KIRCHHEIM-BOLANDEN
LAUTERECKEN
BAUMHOLDER
ROCKENHAUSEN
WORMS
BÜRSTADT
WOLFSTEIN
GRÜNSTADT
EISENBERG
FRANKENTHAL
KUSEL
OTTERBERG
FREINSHM.
BAD DÜRKHM.
LUDWIGSHAFEN
KAISERSLAUTERN
WACHENHEIM
LANDSTUHL
DEIDESHEIM
SCHIFFERSTADT
LAMBRECHT
NEUSTADT
HOMBURG
SPEYER
EDENKOBEN
ZWEIBRÜCKEN
RODALBEN
LANDAU
GERMERSHEIM
PIRMASENS
HORNBACH
ANNWEILER
DAHN
BAD BERGZABERN
KANDEL
BITCHE
WÖRTH
WISSEMBOURG
KARLSRUHE